RELIGIONEN
VERSTEHEN

BUDDHISMUS

RELIGIONEN
VERSTEHEN

BUDDHISMUS

Malcolm David Eckel

FLEURUS
IDEE

Fleurus Idee
is an imprint of
Fleurus Verlag GmbH

© für diese Ausgabe:
2005 Fleurus Verlag GmbH,
Lindenstr. 20, 50674 Köln

Übersetzung aus dem Englischen: Petra Juling, Lissendorf
Redaktion und Satz der deutschen Ausgabe: Michael Konze, Köln
Lektorat: Petra Sparrer, Fleurus Verlag

ISBN 3-89717-345-X

Printed in Singapore

Folgende Abkürzungen werden in diesem Buch verwendet:
v. u. Z.: vor unserer Zeitrechnung (entspricht v. Chr.)
n. u. Z.: nach unserer Zeitrechnung (entspricht n. Chr.)

*In Gedenken an William Neville Smith (1947–2001), einen begabten Schüler des
Buddhismus, der einen anderen Weg wählte.*

Abbildung Seite 2: Der Mahabodhi-Tempel in Bodh Gaya, Indien, wo
Siddhartha Gautama (Buddha) die Erleuchtung zuteil wurde.

INHALT

EINLEITUNG

Der Name Buddhismus geht zurück auf den Stifter der Religion, Siddharta Gautama, der von seinen Schülern als „Buddha", d. h. „der Erleuchtete" oder „der Erwachte", verehrt wurde. Im Laufe nur weniger Jahrhunderte verbreitete sich seine Lehre über den Indischen Subkontinent und in weiten Teilen Asiens. Zwar verschwand der Buddhismus als lebendige Religion im Land seines Ursprungs später fast vollständig, doch übte er tief greifenden Einfluss auf das religiöse Leben und die kulturelle Entwicklung außerhalb Indiens aus – von Afghanistan im Westen bis nach China, Korea und Japan im Osten sowie in ganz Südostasien, von Myanmar (Burma) bis zum indonesischen Archipel nach Java und Bali. Heute ist der Buddhismus auch lebendiger Teil der religiösen Landschaft Europas und Nordamerikas.

Nach einer in der Forschung weithin akzeptierten Chronologie wurde Siddharta Gautama 566 v. u. Z. geboren und starb im Alter von 80 Jahren 486 v. u. Z. Nach buddhistischem Glauben kam er im Süden des heutigen Nepal zur Welt und war von königlicher Abstammung. Den Jahrhunderte nach seinem Tod aufgezeichneten Legenden nach begleiteten seine Geburt eine Reihe von Vorzeichen, die man als Hinweise auf einen bedeutenden Lebensweg deutete. Eine der Geschichten aus Buddhas Leben berichtet über die Empfängnis des künftigen

Diese Illustration einer burmesischen Handschrift aus dem 19. Jh. zeigt den meditierenden Siddharta Gautama, der von den Truppen des Dämonenkönigs Mara angegriffen wird (s. S. 8–9).

Buddha. Seine Mutter, Königin Maya, träumte, wie ein weißer Elefant schmerzlos in ihre Seite eindrang. Als die Zeit für die Geburt gekommen war, entsprang der junge Siddharta aus ihrer Seite, machte sieben Schritte und sprach „Ich wurde geboren, um Erleuchtung (*bodhi*) zu erlangen zum Heil der Welt; dies ist meine letzte Geburt."

Siddhartas Vater befragte die Weisen seines Hofes zur Bedeutung dieser Wunder. Die Weisen sahen auf den Händen und Füßen des Kindes Räder und prophezeiten

ihm eine Zukunft als *chakravartin* („Dreher des Rades") –
entweder ein mächtiger Eroberer und König oder ein
großer religiöser Lehrer. Siddharta wuchs im Palast seines Vaters heran, hei-
ratete und hatte einen Sohn. Als er Anfang dreißig war,
wurde er neugierig auf das Leben außerhalb des Palastes
und bat darum, dessen Mauern verlassen zu dürfen. Bei
seinen Ausflügen gaben ihm die Götter Zeichen, die ihm
die Realität menschlichen Leidens vor Augen führten: Sid-
dartha sah einen Alten, einen Kranken und einen Toten.
Bei einer anderen Ausfahrt sah er einen Wander-Asketen
(*shramana*) – und er gelobte, dessen Beispiel zu folgen und
Erlösung von der Welt des Leidens zu suchen. Sein Vater
versuchte, ihn zurückzuhalten, doch Siddharta begann ein
Wanderleben. Sein Rückzug war anfangs geprägt von
strengem Fasten und Selbstkasteiung, sodass er beinahe
gestorben wäre. Fortan überzeugt, dass dieser Weg zur
Erlösung unergiebig sei, nahm er von einer jungen Frau
eine Essensspende an und folgte dem „Mittleren Weg",
wie er in buddhistischer Überlieferung heißt, dessen Anhänger extreme Genusssucht und Askese meiden.

Siddhartas Wanderungen brachten ihn schließlich an
den Fuß des Bodhi-Baums, des „Baums der Erleuchtung".
In einem letzten Versuch, Freiheit von Tod und Wiedergeburt zu gewinnen, setzte er sich unter den Baum. Der

böse Gott Mara bestürmte ihn und sandte seine Töchter aus, Siddharta zu verführen, und seine Söhne, ihm Furcht einzuflößen. Doch Siddharta widerstand Maras Angriffen und in einer letzten Nacht der Meditation wurde ihm Erleuchtung zuteil über den *dharma* („Wahrheit" oder „Gesetz") des menschlichen Daseins. Damit konnte er sich mit Recht Buddha nennen.

Nach seiner Erleuchtung wanderte Buddha zu einem Park in Sarnath bei Varanasi, wo er fünf ehemalige Gefährten traf. Er hielt ihnen eine Predigt oder Lehrrede (*sutra*), die bekannt wurde als „das erste Drehen des Rads des *dharma*". Die Geschichte des Buddhismus begann also mit einem heiteren Lehrer, der seine neu gewonnenen Erkenntnisse an einige Gefährten weitergab, den Kern der buddhistischen Gemeinde (*samgha*). Die restlichen 45 Jahre seines Lebens wanderte Buddha durch Nordindien, predigte den *dharma* und sorgte dafür, dass die Gemeinde immer weiter wuchs. In der Stadt Kushinagari hielt er eine abschließende Lehrrede an seine Schüler, legte sich zwischen zwei Bäumen nieder und starb. Nach buddhistischer Auslegung erreichte er das „Letzte Nirvana" (vollkommene Erleuchtung, *parinirvana*), um nie wiedergeboren zu werden.

Unter Beibehaltung seiner praktischen Ausrichtung entwickelte sich der buddhistische Glauben nach Buddhas Tod auf vielfältige und komplexe Weise. Buddha wurde nicht als Gott oder übernatürliches Wesen verehrt, sondern als Mensch, der die Antwort auf die grundlegenden Fragen des menschlichen Lebens gefunden und anderen zugänglich gemacht hatte. Millionen von Menschen ist der Buddhismus etwas Heiliges, zudem bietet er Formen gesellschaftlich-kultureller Identität, ohne auf der Vorstellung eines Schöpfergottes zu beruhen.

Etwa ein Jahrhundert nach Buddhas Tod begann sich die buddhistische Gemeinschaft aufzuspalten: 18 rivalisierende Schulen (*nikayas*) entstanden, von denen lediglich die Theravada, heute die in Südostasien vorherrschende Richtung, noch besteht. Im 3. Jh. v. u. Z. kam der Buddhismus, gefördert durch den indischen Herrscher Ashoka (s. S. 16), nach Sri Lanka. Von dort breitete er sich nach Südostasien einschließlich Indonesien aus. Im 2. Jh. brachten Mönche den Buddhismus entlang der Seidenstraße nach China, von wo er nach Korea und schließlich weiter nach Japan gelangte. Der tibetische Buddhismus etablierte sich im 7. Jh. und bildet heute eine der am stärksten ausgeprägten buddhistischen Kulturen.

Das Aufkommen des Mahayana, des „Großen Fahrzeugs", eine Bewegung, die um die Zeitenwende in Indien entstand, begünstigte den Erfolg des Buddhismus in Nord- und Ostasien. Mit dem Mahayana entstanden neue Schriften, eine neue Bedeutung der Rolle der Laienanhänger sowie ein neues Konzept – das des Buddha, wie er heute verehrt wird. Der tantrische Buddhismus, ein Nebenzweig des Mahayana, entstand im 7. Jh. Mit seiner Betonung von Symbolik und Ritual und der Vorstellung der Buddhas als „zornige" Gottheiten ist das Tantra eine der faszinierendsten buddhistischen Lehren. Schulen des tantrischen Buddhismus finden sich in China, Japan, Tibet und Nepal.

An der institutionellen und intellektuellen Ausbreitung des Buddhismus waren eine ganze Reihe bemerkenswerter Persönlichkeiten beteiligt. Sowohl der Mahayana- als auch der Theravada-Buddhismus brachten zahlreiche gelehrte Mönche hervor, die die Klostertraditionen in Südostasien prägten. Auch Reformer von Religion und Gesellschaft gingen aus dem Buddhismus hervor, wie Shinran und Nichiren in Japan; daneben gibt es auch eine Tradition des politisch engagierten Buddhismus, vom Herrscher Ashoka bis zu den buddhistischen Friedensnobelpreisträgern, dem 14. Dalai Lama und Aung San Suu Kyi.

Nicht überliefert hingegen ist die Geschichte etlicher Generationen einfacher Buddhisten; sie alle verliehen ihrem Leben Bedeutung, indem sie den ethischen Prinzipien buddhistischer Lebenspraxis Folge leisteten, wobei alle Aspekte buddhistischer Praxis einem grundlegenden Impuls zu entspringen scheinen: der Suche nach Glück in einer Welt des Leidens und des Wandels.

KAPITEL EINS

URSPRÜNGE
UND GESCHICHTE

Die Geschichte des Buddhismus als einer eigenständigen religiösen Lehre beginnt mit dem Leben Siddharta Gautamas, des Buddhas, auch bekannt als Shakyamuni oder „der Weise aus dem Shakya-Geschlecht", der Ende des 6. Jh. v. u. Z. in Indien geboren wurde. Angeregt durch seine Lehren, breitete sich der Buddhismus von Indien nach Sri Lanka aus und von dort in weite Teile Südostasiens. Im 1. oder 2. Jh. gelangte der Glaube nordwärts entlang der Seidenstraße nach China. Von dort kam der Buddhismus nach Korea, Japan und Vietnam. Im 7. Jh. brachten buddhistische Lehrer den Glauben nach Tibet. In der Moderne hat sich der Buddhismus weit über sein Ursprungsland Indien hinaus verbreitet und bildet heute einen lebendigen Teil der Weltkultur.

*LINKS:
Ein Ausschnitt (um 1800) aus der „Vessantara Jataka" – eine der bekanntesten der Jataka-Geschichten (s. S. 14) mit einer Darstellung Prinz Vessantaras, einer der früheren Inkarnationen Buddhas.*

Aus buddhistischer Sicht beginnt die Geschichte des Buddhismus nicht im 6. Jh. v. u. Z. mit der Geburt von Siddharta Gautama, sondern in ferner Vergangenheit mit den Geschichten von seinen früheren Existenzen als *bodhisattva* oder „künftiger Buddha". Entsprechend der Lehre der Wiedergeburten (*samsara*) ist das Leben eines Menschen das Ergebnis einer langen Reihe von Handlungen (*karma*), die im Laufe zahlreicher Existenzen angesammelt wurden. Siddharta Gautama bildete dabei keine Ausnahme. In den Legenden um seine Geburt wird berichtet, wie er von vorangegangenen Buddhas Unterweisungen erhielt, zahlreiche buddhistische Tugenden unter Beweis stellte und sich auf seine endgültige Erleuchtung vorbereitete.

Buddhisten verstehen den Lebensweg Siddharta Gautamas nicht nur als Ergebnis einer langen geistigen Vorbereitung, sie sehen ihn auch als Beginn eines neuen historischen Prozesses, in dessen Verlauf andere versucht haben, seinem Beispiel zu folgen und seine Erleuchtung auch für sich selbst zu erfahren.

Nach Buddhas Tod, dem „endgültigen Nirvana" (*parinirvana*) wurde sein Körper von einer Gruppe von Laienschülern nach seinen Anweisungen verbrannt. Man verwahrte seine Asche in kugelförmigen Reliquienschreinen (*stupas*). Verehrt werden auch Bildnisse und

Orte, die in Zusammenhang mit Ereignissen im Leben Buddhas stehen. Nach buddhistischer Überlieferung bilden sie den „Form-Körper", während seine Lehren als *„dharma*-Körper" bezeichnet werden. In diesen beiden „Körpern" bleibt Buddha überall in der weit verstreuten buddhistischen Gemeinde präsent.

Die meisten Hinweise zur frühen Geschichte der buddhistischen Gemeinde (*samgha*) geben Texte, die 500 Jahre nach seinem Tod oder noch später verfasst wurden. Daher ist es sehr schwierig, genau nachzuzeichnen, wie die Gemeinde von einer kleinen Gruppe von Schülern um einen einzelnen charismatischen Führer zu einer bedeutenden Kraft in Indien und darüber hinaus wurde. Doch die buddhistische Überlieferung hält einige Schritte dieser Entwicklung fest, die der Religion zu ihrer wichtigen Rolle in der kulturellen Entwicklung Asiens verhalfen.

Kurz nach Buddhas Tod 486 v. u. Z. soll ein „Erstes buddhistisches Konzil" in der Stadt Rajaghra stattgefunden haben. Einem Bericht zufolge war Buddhas Schüler Kashyapa mit einer Gruppe von Mönchen unterwegs, als er vom Tod des Meisters hörte. Einer der Mönche gab offen seiner Freude Ausdruck, dass Buddhas Tod sie nun von den Einschränkungen durch die Mönchsregeln befreie. Aus Sorge um die Disziplin schlug Kashyapa ein Konzil vor. Es sollte Buddhas Lehren und die Ordensregeln bestätigen und als Leitlinie für die buddhistische Gemeinschaft einen gemeinsamen Textkorpus für Lehren und Praktiken festlegen. Dieses Konzil schuf den Kern dessen, was heute zum buddhistischen Kanon gehört.

Eine andere Überlieferung berichtet von einem zweiten Konzil, das etwa ein Jahrhundert später in der Stadt Vaishali einberufen wurde, um regionale Abweichungen von den Mönchsregeln zu diskutieren. Nicht alle Fragen konnten geklärt werden, und es kam zum ersten großen Schisma im Buddhismus, zwischen *sthaviras* („Ältere") und *mahasamghikas* („Große Gemeinschaft"). Dieses Schisma war der Anfang der Zersplitterung der Gemeinde in die 18 Schulen (*nikayas*) und nahm die spätere Spaltung in Hinayana- und Mahayana-Buddhismus vorweg („Kleines" bzw. „Großes Fahrzeug").

Die Ausbreitung der frühen buddhistischen Gemeinschaft war zu einem großen Teil königlicher Patronage zu verdanken. Der Maurya-Herrscher Ashoka (um 268–232 v. u. Z.), der von seiner Hauptstadt Pataliputra (heute Patna) aus über Nordindien herrschte, konvertierte ausdrücklich und öffentlich zum Buddhismus. Als Teil seiner Politik der „Rechtschaffenen Eroberung" (*dharmavijaya*) vertrat er überall in seinem Königreich buddhistische Werte und unterstützte aktiv die Ausbreitung der Religion außerhalb der Grenzen des Reichs.

Zu dieser Zeit gab es offenbar auch buddhistische Mönche im Gebiet des heutigen Afghanistan und in Zentralasien. Dort kamen sie mit den hellenischen Reichen in Berührung, die nach der Invasion Alexanders des Großen in Indien 327–325 v. u. Z. entstanden waren. Zumindest ein griechischer König, Menander, soll zum Buddhismus konvertiert sein.

Die Spaltung in Hinayana- und Mahayana-Buddhismus vollzog sich etwa zur Zeit von Christi Geburt. Die Reformbewegung des Mahayana hingegen führt ihre Ursprünge bis auf Buddha selbst zurück. Gemäß den Schriften des Mahayana berief Buddha eine besondere Versammlung in Rajaghra ein und hielt vor einer Gruppe ausgewählter Schüler eine Rede, die als „Zweites Drehen des Rads der Lehre" bekannt ist. Diese Unterweisung blieb, so heißt es, für lange Zeit verborgen, bevor sie dem Rest der buddhistischen Gemeinschaft in Indien bekannt gemacht wurde.

Ungeklärt ist, ob der Mahayana-Buddhismus in einer Region Indiens oder in verschiedenen Zentren entstand. Aber es liegt auf der Hand, dass seine Betonung des Bodhisattva-Ideals die Interessen der buddhistischen Laienschaft in neuer Weise berücksichtigte. Ein Bodhisattva strebte nicht danach, der Welt zu entsagen, um das Nirvana zu erreichen, wie beim traditionellen Mönchsideal, sondern

Eines der vier Tore (toranas) *des großen* stupa *in Sanchi. Er stammt aus der Zeit von Ashoka und wurde in späteren Jahrhunderten mehr und mehr mit Skulpturen ausgeschmückt.*

kehrte aus Mitleid für die „gewöhnliche" Menschheit in die Welt zurück.

Der tantrische Buddhismus – eine Bewegung, die im 6. Jh. aus dem Mahayana hervorging – stellte scheinbar die grundlegendsten Verpflichtungen buddhistischer Glaubenspraxis in Frage. Der Begriff Tantra bezieht sich auf den Namen der Texte, die die Lehren enthalten, und ist auch bekannt als *mantrayana* („Fahrzeug der heiligen Gesänge") oder *vajrayana* („Fahrzeug des Blitzes"). Der tantrische Buddhismus betont Ritual und Symbolik, besonders das *mandala* („Heiliger Kreis"), und propagiert Praktiken, die auf eine unmittelbare Erfahrung der „Erleuchtung" zielen. Das Radikale dieser Erleuchtung wird in Darstellungen Buddhas als „zorniger Gott" in der tantrischen Kunst am deutlichsten. Ein tantrischer *siddha* oder „Heiliger" begreift, dass es keinen Unterschied gibt zwischen Friedfertigkeit und Zorn und dass die Erfahrung der Erleuchtung selbst in den grundlegendsten menschlichen Empfindungen präsent ist.

In den ersten sieben Jahrhunderten n. u. Z. war der Buddhismus zentraler Bestandteil der Blüte indischer Kultur, insbesondere in der Zeit der Gupta-Dynastie (320–540) und in der Regierungszeit von König Harsha (606–646). Buddhistische Klöster waren Zentren der Lehre, hier wurden die Mönche in Philosophie, Religion, Medizin, Astronomie und Grammatik ausgebildet. Doch mit dem 13. Jh. schien der Buddhismus infolge des Aufkommens des Devotionalismus im Hinduismus den Rückhalt in der einfachen Bevölkerung zu verlieren, während die jahrhundertelange wechselseitige Beeinflussung von Hinduismus und Buddhismus deren Unterschiede mehr und mehr verschwinden ließ. Ohne die starke Unterstützung der indischen Könige und Prinzen waren die buddhistischen Klöster ungeschützt. Als muslimische

Invasoren Ende des 13. Jh. die letzten großen Klöster zerstörten, war der aktive Einfluss des Buddhismus auf die indische Kultur faktisch zu Ende.

Die Geschichte des Buddhismus in Südostasien geht auf Ashokas Missionare in Sri Lanka zurück. In dieser Region spiegelte der Buddhismus in eklektischer Mischung der Kulte mehr als tausend Jahre lang die Vielfalt des indischen Buddhismus wider. Ab dem 11. Jh., als der Einfluss der indischen Klöster nachließ, suchten buddhistische Mönche und Könige in Myanmar und Thailand anderweitig nach Vorbildern. Nach dem Beispiel Sri Lankas übernahmen sie hier ebenfalls den orthodoxen Theravada-Buddhismus, der bis heute in Myanmar und Thailand vorherrscht. Im 19. und 20. Jh. waren die Buddhisten Südostasiens mit dem europäischen Kolonialismus konfrontiert, was zu zahlreichen Reformen und zur Entstehung einer ausgesprochen „modernen" Form des Buddhismus führte.

Nach Tibet kam die Religion in zwei Wellen, der „Ersten" und der „Zweiten Verbreitung des *dharma*". Die erste begann im 7. Jh., als die Frauen des tibetischen Königs Bildnisse des Buddha in die Hauptstadt Lhasa brachten. Im späten 8. Jh. wurde unter Mitwirkung des indischen Gelehrten Shantarakshita, des tibetischen Königs Thrisong Detsen und des indischen tantrischen

Heiligen Padmasambhava in Samye das erste Kloster gegründet. Die Geschichte des tibetischen Buddhismus ist geprägt von jenen drei Elementen, für die diese Gründer des Klosters stehen: klösterliche Disziplin des Geistes, weltlich-königliche Macht sowie Ritual und Meditation des Tantrismus.

Die „Erste Verbreitung des *dharma*" in Tibet endete mit Verfolgungen, die unter König Langdarma (838–842) einsetzten. Auf das Ende des 10. Jh. datiert die „Zweite Verbreitung" und seit dem Ende des 11. Jh. lassen sich die vier Hauptsekten des tibetischen Buddhismus klar abgrenzen: Eine davon, die Nyingmapa, führte ihre Ursprünge auf Padmasambhava zurück, die übrigen – Sakyapa, Kadampa und Kargyupa – berufen sich auf Heilige und Gelehrte aus der Zeit nach der großen Verfolgung. Aus der Kadampa-Sekte entwickelte sich die Gelukpa, die Dalai-Lama-Schule des tibetischen Buddhismus.

Der Titel „Dalai Lama" („Ozean" [der Weisheit] und „der Obere") wurde als Erstem dem tibetischen Mönch Sonam Gyatso (1543–1588) durch den Mongolenherrscher Altan Khan verliehen. Doch betrachten die tibetischen Buddhisten Sonam Gyatso bereits als dritten in einer Folge von Reinkarnationen, die auf den Mönch Gendun Dup (1391–1475) zurückführen, der somit als erster Dalai Lama gilt.

Während der Herrschaft des „Großen Fünften" Dalai Lama Ngawang Losang Gyatso (1617–1682) wurden die Dalai Lamas zu den unumstrittenen weltlichen und religiösen Führern Tibets. Unter ihrer Regierung bewahrten die tibetischen Buddhisten ihre traditionelle Lebensweise, bis zum Einmarsch der Chinesen 1950. Einige Jahre später sah sich der Dalai Lama Tenzin Gyatso gezwungen, ins Exil zu gehen. Seither steht er im Mittelpunkt aller Bemühungen zum Erhalt der tibetischen Kultur, sowohl in Tibet selbst als auch weltweit bei Exil-Tibetern und Konvertiten.

Nach China gelangte der Buddhismus im 1. oder 2. Jh. über die Seidenstraße. Wie in Südostasien und Tibet lag die größte Herausforderung anfangs in der Umsetzung des reichen und komplexen indischen Buddhismus in die Formen der einheimischen Kultur. Doch bereits zur Zeit der Tang-Dynastie (618–907) war der Buddhismus vollkommen in die chinesische Kultur integriert und spielte darin eine wichtige Rolle. In dieser Zeit kamen die klassischen chinesischen Mahayana-Schulen auf, so die Meditations-Richtung des *chan* (Sanskrit: *dhyana*, Meditation) und die philosophischen Schulen *tiantai* und *huayan*. Besonders einflussreich für den chinesischen Buddhismus war die im Mahayana verbreitete Vorstellung himmlischer Buddhas und Bodhisattvas, vor allem Amitabha (Amituo Fo), Avalokiteshvara (Guanyin) und Maitreya (Mile Fo).

Die chinesische Variante des Buddhismus gelangte im 4. Jh. nach Korea und von dort im 6. Jh. nach Japan. Auch in Vietnam nahm man den chinesischen Buddhismus an, doch kam die Religion möglicherweise ursprünglich bereits im 2. Jh. in diese Region. In allen drei Ländern gibt es eine Form des Chan-Buddhismus (Japanisch: Zen), zu dessen besonderen Schwerpunkten Meditation und Erleuchtungserfahrung zählen, ebenso wie eine gewisse Verehrung himmlischer Buddhas und Bodhisattvas.

Vor 1850 war der Buddhismus in der westlichen Welt außer bei Gelehrten wenig bekannt: Erst um 1900 trugen vor allem der ehemalige Offizier der US-Armee, Henry S. Olcott (1832–1907) und die russische Mystikerin Helena Blavatsky (1831–1891) zu seiner Verbreitung bei. Sie widmeten sich der Wiederbelebung des Theravada-Buddhismus in dem unter Kolonialherrschaft stehenden Sri Lanka und die von ihnen gegründete Theosophische Gesellschaft übernahm viele der buddhistischen Vorschriften. Weitere Anerkennung erhielt die Glaubensrichtung durch das „Weltparlament der Religionen", das erstmals 1893 in Chicago zusammenkam und an dem bereits viele bedeutende Persönlichkeiten des asiatischen Buddhismus teilnahmen.

Mitte des 20. Jh. waren fast alle wichtigen buddhistischen Schulen und Richtungen im Westen vertreten, sei es durch Einwanderer oder westliche Konvertiten.

Xuanzangs Besuch am Bodhi-Baum

„Der Meister der Lehre kam, um den Bodhi-Baum und
das Tathagata-Bildnis zu verehren, zu jener Zeit, als er
gerade im Begriff war, vollendete Weisheit zu erlangen,
die ihm später durch Bodhisattva Maitreya zuteil wurde.
Er betrachtete diese Gegenstände voll tiefster Ehrerbietung, warf sich betend mit dem Gesicht zu Boden, seufzte
voller Gram und unter Tränen der Selbstkasteiung und
sprach: ‚Ich weiß nicht, in welchem Zustand in dieser
unruhigen Welt von Geburt und Tod ich zu jener Zeit
war, da Buddha vollendete Weisheit erlangte; doch nun,
in dieser Zeit der Bildnisverehrung und an diesem Ort,
denke ich über die Tiefe und Schwere meiner vielen bösen Taten nach und bin von Herzen betrübt und meine
Augen stehen voller Tränen.'"

Aus: *The Life of Hiuen-tsiang*, nach der Übersetzung von Samuel Beal,
London 1911, S. 105

Kommentar

Das Reisetagebuch des chinesischen Mönchs und Gelehrten Xuanzang (596–664) ist eine der ergiebigsten Quel-
len zum Buddhismus der klassischen Zeit in Indien
(3.–8. Jh.). Xuanzang unternahm eine Pilgerreise entlang
der Seidenstraße, durch Afghanistan, wo er die aus dem

Fels gehauenen vergoldeten Buddha-Statuen in Bamiyan bewunderte, und kam anschließend über den Khyberpass nach Nordindien.

Mehr als zehn Jahre verbrachte Xuanzang in Indien und besuchte in dieser Zeit die buddhistischen Stätten, von den Bergen Kaschmirs im Norden bis zu den Tamil-sprachigen Ländern Südindiens. Jeder Ort, den er aufsuchte, schien voller Geschichten, entweder im Zusammenhang mit einem Ereignis im Leben Buddhas, im Leben eines früheren Buddha oder eines berühmten buddhistischen Heiligen. In Afghanistan hatte Xuanzang eine Vision von Buddhas Körper. In Kaschmir studierte er buddhistische Philosophie und wurde zum Schriftkundigen für die geistige Überlieferung sowohl des Hinayana- als auch des Mahayana-Buddhismus. Einen Höhepunkt bildete sein Besuch an der Stätte von Buddhas Erleuchtung in Bodh Gaya, wo Xuanzang über die Tiefe menschlichen Leidens nachsann und in Tränen ausbrach. Bei seiner Rückkehr nach China brachte Xuanzang zahlreiche Schriften mit und erhielt Anerkennung als hochgelehrter Übersetzer buddhistischer Texte. Er wurde zu einer der beliebtesten Figuren chinesischer Volkstradition; der Roman *Die Reise nach dem Westen* aus dem 16. Jh. enthält eine liebenswerte und volkstümliche Schilderung seines Wirkens.

KAPITEL ZWEI

ASPEKTE
DES GÖTTLICHEN

Das Zentrum vieler Religionen bildet die Verehrung eines Gottes oder anderer göttlicher Wesen. Für den Buddhisten steht die Person des Buddha im Mittelpunkt – ein Mensch, der einen Weg fand, wie das Leiden beendet, der Kreislauf von Tod und Wiedergeburt durchbrochen werden kann. Buddhisten nähern sich der Figur des Buddha mit Ehrerbietung, respektieren aber auch die Macht lokaler Geister und Gottheiten.

Der Mahayana-Buddhismus unterscheidet sich von älteren Traditionen durch ein reiches „Pantheon" himmlischer Buddhas und Bodhisattvas. Sie fungieren als übernatürliche Helfer, um die Gläubigen auf dem Weg zum Heil zu leiten. Heute ist die Mahayana-Praxis, den Namen eines Buddha anzurufen oder an das Mitleid eines Bodhisattva zu appellieren, für Buddhisten ebenso üblich wie die stille Meditation.

LINKS:
Dieses Mandala aus Nepal (um 1860) zeigt den himmlischen Buddha Vairocana („Der Strahlende") im Zentrum und vier weitere Buddhas in den Ecken des Quadrats sowie zahlreiche andere heilige Figuren.

Im Theravada-Buddhismus wird betont, dass Siddharta Gautama ein Mensch war, der das vollständige Nirvana erlangte (s. S. 58–59) und starb, um niemals wiedergeboren zu werden. Wenn ein Anhänger des Theravada einem Bild des Buddha opfert, ist dies nicht als Anbetung des Göttlichen zu verstehen, sondern als eine Möglichkeit, sein Karma zu verbessern oder als Erinnerung an die Tugenden Buddhas, denen man stets nachstreben sollte. Das bedeutet jedoch nicht, dass es im Buddhismus nicht auch göttliche Wesen gäbe. So haben im Mahayana diejenigen, die die höchsten Stufen auf dem Weg zur Buddhaschaft erreicht haben – die Bodhisattvas („künftige Buddhas") – durch ihre vielen Taten der Barmherzigkeit und durch ihre Weisheit so starke Kräfte angesammelt, dass sie wie Gottheiten handeln können. Diese außergewöhnlichen Persönlichkeiten, „himmlische Bodhisattvas", sind in der Lage, in dieser Welt Wunder zu wirken und sogar himmlische Reiche zu schaffen, in die man wiedergeboren werden kann, sei es aufgrund der Barmherzigkeit des Bodhisattva oder wegen der Verdienste des jeweiligen Gläubigen. Am Ende ihrer Laufbahn als Bodhisattvas werden diese zu „himmlischen Buddhas" und erlangen noch weitergehende Fähigkeiten. Die Grenzen zwischen einem Bodhisattva und einem Buddha sind bisweilen fließend. Nach dem *lotos-sutra* des Mahayana

(s. S. 42–43), war Buddha selbst lediglich die Manifestation eines großen Bodhisattva, dessen lange Laufbahn noch nicht beendet ist. Dieser manifestierte sich als Siddharta Gautama. Um den Menschen dieser Welt beispielhaft vorzuführen, wie ein anderer Mensch seinen Weg zum Nirvana gefunden hat, durchlief er diesen Prozess bis zum *parinirvana* (endgültiges Nirvana). Aber damit war sein Werdegang noch nicht zu Ende: Solange es noch Menschen gibt, die seiner Hilfe bedürfen, veranlasst ihn seine Barmherzigkeit dazu, sich immer wieder zu manifestieren.

Das Konzept himmlischer Bodhisattvas und Buddhas im Mahayana ließ ein reiches „Pantheon" von Gottheiten entstehen. Eine der wichtigsten dieser Gottheiten ist der Bodhisattva Avalokiteshvara („Herr, der herunterblickt"), der als Personifikation des mitleidvollen Blicks des Buddha gilt. Durch Aussprechen des Mantra *om mani padme hum* („Oh, Juwel im Lotos"), ein beliebtes Meditationsmantra, erregt der Gläubige das Mitleid Avalokiteshvaras. Die Silben *om* und *hum* sind nicht übersetzbar – *om* gilt als der heilige Ton, aus dem das Universum entstand, und viele Gläubige sehen in ihm die Essenz tiefster Weisheit.

Im indischen Buddhismus wurde Avalokiteshvara mit einem weiblichen Bodhisattva namens Tara gleichgesetzt, der den weiblichen Aspekt von dessen Barmherzigkeit verkörpert. In China, wo Avalokiteshvara unter dem

Vergoldete Bronzestatuette
(19. Jh.) des Bodhisattva
Maitreya, der im Maha-
yana-Buddhismus eine
wichtige Rolle spielt.

Namen Guanyin verehrt
wird, sind männlicher und
weiblicher Aspekt kombi-
niert und Guanyin wird
vornehmlich in weiblicher
Form verehrt. Die Tibeter
fühlen sich mit Avalo-
kiteshvara (Tibetisch:
Chenrezig) ganz be-
sonders verbunden; sie
glauben, er habe einen
Schwur getan, das tibetische Volk zu beschützen und mani-
festiere sich in der Person des jeweiligen Dalai Lama.

Zu den wichtigen himmlischen Bodhisattvas zählt
auch Maitreya, der Buddha der Zukunft. Er wird der
nächste Bodhisattva sein, der auf der Welt erscheint und
ein Buddha wird. Wie Avalokiteshvara gilt auch Maitreya
als Retter für Menschen in Not: In China, wo er Mile Fo
heißt, verkündeten messianische Bewegungen zeitweise
seine bevorstehende Ankunft und die Umgestaltung

der Gesellschaft nach den Prinzipien des Buddhismus. Weitere himmlische Bodhisattvas sind Manjushri, der Bodhisattva der Weisheit, und Kshitigarbha, der Tröster der Verstorbenen und Beschützer von Reisenden, Pilgern und Kindern. Der bekannteste himmlische Buddha ist Amitabha ("Unermessliches Licht"). Als er zum Buddha wurde (s. S. 90 und 92), soll er ein Paradies geschaffen haben, das "Reine Land". Jeder, der sich an den Namen Amitabhas erinnert, insbesondere im Augenblick des Todes, wird im "Reinen Land" wiedergeboren und Amitabha selbst begegnen. Sehr einflussreich war die Verehrung von Buddha Amitabha in China und Japan, wo er Amituo Fo bzw. Amida butsu heißt. Während der sozialen und politischen Unruhen der Kamakura-Zeit (1185–1333) wurde der Amida-Kult zu einem der wichtigsten Elemente des buddhistischen Lebens in Japan. Der buddhistische Reformer Genku (genannt Honen Shonin, 1133–1212) machte den Amida-Kult auch für Menschen zugänglich, die nicht buddhistisch geschult waren. Und nach Shinran Shonin (1175–1263), dem Gründer der Jodo Shinshu, der "Sekte des Wahren Reinen Landes", ist die Erlösung nicht das Ergebnis eigener Bemühungen, sondern allein der Gnade Amidas zu verdanken. Die von Genku und Shinran gegründeten Sekten sind in Japan nach wie vor die populärsten Formen des Buddhismus und werden in Nordamerika von den „Buddhist Churches of America" vertreten.

Andere wichtige himmlische Buddhas sind der heilkundige Bhaishajyaguru („Lehrer der Heilkunde") und der „Sonnen-Buddha" Vairocana („Der Strahlende"), der den Mittelpunkt vieler Mandalas, der „Heiligen Kreise", des tantrischen Buddhismus bildet. Das Mandala symbolisiert die Beziehung zwischen Makro- und Mikrokosmos. Es steht für die Vollkommenheit sowohl des Kosmos als auch von Geist und Körper des Meditierenden. Die Anhänger des tantrischen Buddhismus nutzen Mandalas in Ritualen und Meditationen, um eine ganzheitliche Vision des Kosmos zu gewinnen, zur Betrachtung der Integration von Welt und Individuum und zur Überwindung der Grenzen zwischen dem Nirvana und dem Reich von Tod und Wiedergeburt.

Eines der am weitesten verbreiteten dieser heiligen Bilder, das „Mandala der Fünf Buddhas", spielt im Tantrismus Tibets und in der Shingon-Sekte Japans eine wichtige Rolle. Ausgangspunkt bildet eine Zusammenstellung von fünf himmlischen Buddhas: Vairocana in der Mitte, Amitabha im Westen, Amoghasiddhi im Norden, Akshobhya im Osten und Ratnasambhava im Süden. In einem Prozess symbolischer Assoziationen wird das

Mandala weiterentwickelt zu fünf Farben, fünf Tugenden, fünf Weisheiten usw., wobei jedes Element dieser Fünfheiten (Pentaden) jeweils einem der fünf Buddhas zugeordnet wird. Zu den Buddhas gehören zudem fünf Göttinnen, im Zentrum des Mandalas sowie zwischen den vier Kompassstrichen.

Der mit der Sonne identifizierte Buddha Vairocana ist nicht nur das Zentrum vieler Mandalas, er spielte einst auch eine wichtige Rolle bei der Einführung des Buddhismus in Japan, wo er mit der Sonnengöttin Amaterasu an der Spitze der heimischen Shinto-Götterwelt gleichgesetzt wurde.

Zusätzlich zu der Schar weithin verehrter himmlischer Wesen fand auch die Anbetung lokaler Gottheiten und Geister immer einen Platz im Buddhismus. Buddha selbst soll von einem *naga* beschützt worden sein (nach indischer Tradition ist *naga* eine Schlangengottheit mit Macht über den Regen, im Buddhismus bewachen *nagas* die Schätze der Überlieferung). *Stupas* (Grabhügel; s. S. 66–67) werden häufig mit *yakshas* (Glücksgöttern) und *yakshis* (Fruchtbarkeitsgöttinnen) verknüpft. In Südostasien fungieren Hindu-Gottheiten wie Indra und Vishnu als buddhistische Wächterfiguren und in China, Korea, Japan und Tibet übernahm der Buddhismus zahlreiche lokale und regionale Gottheiten.

Das Land der Glückseligkeit

„Da sprach der Gesegnete zu Shariputra: ‚Im Westen, viele hunderttausend Buddha-Felder von hier, gibt es ein Buddha-Feld namens ‚Land des Glücks‘. In diesem Land lebt ein vollkommen erleuchteter Buddha namens ‚Unendliches Leben‘ (Amitayus) und lehrt den *dharma*. Warum glaubst du, Shariputra, heißt es das Land des Glücks? Kein Lebewesen im Land des Glücks leidet, weder im Körper noch im Geist, und die Freuden sind unermesslich (…)

Wenn Söhne und Töchter aus guter Familie den Namen des Glücklichen Tathagata (Buddha) des Unendlichen Lebens hören und sich voller Hingabe eine, zwei, drei, vier, fünf, sechs oder sieben Nächte darauf besinnen, dann wird im Augenblick ihres Todes der Buddha des Unendlichen Lebens an der Spitze einer Gruppe von Bodhisattvas und umgeben von einer Schar von Schülern vor ihnen stehen, und diese Söhne und Töchter aus guter Familie werden mit ruhigem Geist sterben. Nach ihrem Tod werden sie im Land des Glücks im Buddha-Feld des Tathagata des Unendlichen Lebens geboren werden.

Daran denke ich, Shariputra, wenn ich sage, dass Söhne und Töchter aus guter Familie voller Ehrerbietung nach diesem Buddha-Feld streben sollten.‘"

Aus: *Kürzere Sukhavativyuha Sutra*, nach der Übersetzung von Malcolm David Eckel

Kommentar

Diese „Lehrrede vom Land der Glückseligkeit" zeichnet ein lebhaftes Bild von der Verehrung des Buddha Amitabha. Das *sutra* entstand in den ersten Jahrhunderten n. u. Z. in Indien und hatte großen Einfluss auf die Praktiken des Mahayana-Budhismus in Indien sowie in den buddhistischen Ländern Nord- und Ostasiens.

Der Überlieferung nach versprach ein Bodhisattava mit Namen Dharmakara, dass er, nachdem er die Erleuchtung erlangt habe und zum Buddha Amitabha geworden sei, ein glückliches Land schaffen werde, um die Lebewesen vom Leiden zu erlösen. Es wird als himmlisches Paradies geschildert, in dem sich wunderschöne Bäume und Lotosteiche befinden und die Vögel von den Tugenden des Buddha singen. Jeder, der den Namen des Buddha Amitabha ausspricht, wird in diesem Land wiedergeboren und ist unwiderruflich auf dem Weg zur endgültigen Erleuchtung.

Der Schlüssel zur Erlösung ist diesem Text zufolge die Kraft von Dharmakaras Versprechen. Es wird im Augenblick seiner Erleuchtung wirksam als Gnade Buddhas, den Menschen zur Wiedergeburt im Land der Glückseligkeit zu verhelfen. Sobald der Gläubige nur „ehrerbietig nach diesem Buddha-Feld strebt" bringt er sein eigenes Streben in Übereinstimmung mit dem Gelübde, das Amitabhas Paradies schuf.

KAPITEL DREI

HEILIGE SCHRIFTEN

Der Überlieferung nach erreichte Buddha die Erleuchtung unter dem Bodhi-Baum in völliger Stille und viele Buddhisten sind der Überzeugung, dass sich das Wesen seiner Erleuchtung nicht in Worte fassen lässt. Nichtsdestoweniger entstand eine reiche und komplexe Schrifttradition, um Buddhas Worte an nachfolgende Generationen weiterzugeben.

Alle frühen Schulen entwickelten einen eigenen Schriften-Kanon, von denen der Pali-Kanon des Theravada bis heute erhalten blieb. Mit dem Aufkommen des Mahayana wuchs der Korpus der autorisierten Mahayana-Literatur. Der chinesische und der tibetische Kanon bilden heute einen immensen Schatz buddhistischer Traditionen und geben beredtes Zeugnis der Wirkung von Buddhas Erleuchtung.

LINKS:
In einem Tempel in Kyicho (Bhutan) dreht ein Gläubiger eine „Gebetsmühle". Es handelt sich um einen Zylinder, der heilige Gebetstexte enthält. Man glaubt, dass sie wirksam werden, wenn der Gläubige den Behälter in Bewegung setzt.

Bald nach Buddhas Tod fanden sich, so die Legende, 500 seiner bedeutendsten Schüler zum ersten buddhistischen Konzil zusammen, um die Vielfalt an Deutungen und Erinnerungen an die Worte Buddhas zu einer verbindlichen Einheit zu verschmelzen (s. S. 15). Das auf dem Konzil etablierte Verfahren des Auswendiglernens sorgte dafür, dass die Lehre bis zu ihrer Verschriftlichung über einen Zeitraum von fast 500 Jahren mündlich überliefert wurde. Auch wenn alle buddhistischen Kulturen schriftliche Fassungen der kanonischen Textsammlungen besitzen und diese mit großer Ehrerbietung behandeln, ist doch die mündliche Überlieferung nach wie vor von zentraler Bedeutung. Und diese Praxis der mündlichen Weitergabe ist auch einer der Gründe dafür, weshalb der Buddhismus keinen einheitlichen Text-Kanon besitzt – daher betrachten verschiedene Schulen und Traditionen unterschiedliche Textsammlungen als verbindlich.

Die buddhistische kanonische Literatur ist zwar variabel und es kamen häufig neue Texte hinzu, doch sie wird immer noch als Quelle betrachtet, nicht nur weil es sich um eine Dokumentation der Lehre Buddhas handelt, sondern auch weil sie in gewisser Weise den Zugang zu Buddha selbst ermöglicht. Buddhistische heilige Texte stellen die wichtigsten dauerhaften Aspekte des Buddha dar, sie sind nach Auffassung von Buddhisten der „*dharma*-Körper" des

Buddha. Eine Zeile im *Samyutta Nikaya* des Pali-Kanons
lautet: „Was ist, Vakkali, der Anblick dieses hinfälligen
Körpers? Wer den *dhamma* (Pali für *dharma*) sieht, sieht
mich; wer mich sieht, sieht den Dhamma." Der *dharma*
sichert die dauerhafte Präsenz des Buddha in der buddhistischen Gemeinde und verdient ebenso viel Respekt wie
Buddha selbst. Häufig werden buddhistische Texte als
Zeichen der Verehrung rezitiert und kopiert, und vor
allem im Mahayana finden sie neben oder auch anstelle
eines Buddha-Bildnisses als anbetungswürdige Objekte
durchaus Platz auf dem Altar.

Der konservativste Kanon buddhistischer Schriften ist
das angeblich im Jahr 29 v. u. Z. unter König Vattagamani
von Sri Lanka entstandene *Tipitaka* („Drei Körbe"). Da es
in der Gelehrtensprache Pali verfasst ist, wird es häufig
einfach als Pali-Kanon bezeichnet. Er enthält altes Material aus den frühesten Zeiten der mündlichen Überlieferung, neben Texten, die vermutlich im 2. Jh. v. u. Z. entstanden. Der Pali-Kanon gliedert sich in drei Bücher
(„Körbe"): Das erste (*Vinaya Pitaka*) enthält fast 250 Vorschriften und Regeln des klösterlichen Lebens, zudem
Geschichten, die Buddhas moralische Prinzipien illustrie-
ren. Das zweite (*Sutta Pitaka*) „Der Korb der Lebenden"
erschließt die eigentliche Lehre Buddhas; sein umfang-
reicher Anhang enthält Gedichte und Legenden zu den

früheren Leben Buddhas. Das jüngste Buch (*Abidhamma Pitaka*) liefert eine systematische Analyse der Kategorien buddhistischen Denkens.

Die traditionelle Auslegung des Pali-Kanons geht zum großen Teil auf den Mönch Buddhaghosa zurück, der im 5. Jh. aus Indien nach Sri Lanka kam. Er sammelte und übersetzte einen umfangreichen Korpus singhalesischer Kommentare zu den Pali-Texten und sein wichtigstes Werk, „Visudhimagga" (Weg zur Reinheit), ist eine verbindliche Anleitung zur Praxis des Theravada-Buddhismus.

Es besteht eine enge Verbindung zwischen der Entwicklung und Ausbreitung des Mahayana und seinen Schriften. Die frühesten Mahayana-Texte können ins 1. Jh. v. u. Z. datiert werden. Wichtige Mahayana-Schriften wurden bereits im 2. Jh. ins Chinesische übersetzt und in Indien entstanden noch nach 1100 Texte, die später kanonischen Status erlangten.

Der älteste erhaltene Katalog kanonischer buddhistischer Literatur in China stammt aus dem Jahr 518. Erstmals gedruckt wurde das chinesische *Tripitaka* (wie es dort mit der Sanskrit-Version des Pali-Wortes Tipitaka heißt) zu Beginn der Song-Dynastie (972). Den tibetischen Kanon sammelte der Gelehrte Buton (1290–1364); im frühen 15. Jh. wurde er in Beijing erstmals vollständig gedruckt.

Diese sutras *aus dem 12. Jh. sind auf Palmblätter geschrieben, die durch Fäden zusammengehalten werden;* sutra *bedeutet wörtlich „Faden" und bezeichnet einen Text, der angeblich authentische Worte Buddhas enthält.*

Es gab einen festen Kern an Literatur (auf Sanskrit *sutra* genannt, auf Tibetisch *bka*), die direkt durch Buddhas oder Bodhisattvas autorisiert war. Diese *sutra*-Abschnitte des chinesischen und tibetischen Kanon enthalten wiederum einen Abschnitt mit dem Titel „Vollendung der Weisheit" (Sanskrit: *prajnaparamita*), in dem sich grundlegende Schilderungen des Bodhisattva-Ideals und der Vorstellung von der „Leerheit" finden. Ausgehend von diesen relativ kurzen Texten, erreichten die *prajnaparamita-sutras* einerseits bis zu 100000 Zeilen Länge und wurden andererseits zu kurzen Texten wie der Diamant-

und der Herz-*sutra* zusammengefasst. Um diese zentralen *sutra*-Abschnitte des chinesischen und tibetischen Kanons sammelte sich ein Schrifttum lehrender, philosophischer und auslegender Literatur, die im Sanskrit *shastra* und auf Tibetisch *ten* heißt, „Unterweisung".

Die umfangreichste Sammlung tantrischer Texte ist im tibetischen Kanon enthalten. Wie bei anderer kanonischer Literatur des Buddhismus ist die formale Bandbreite groß: Sie reicht von schlichten Liedern der indischen tantrischen Heiligen bis zu ausgefeilten Kommentaren zu Ritualen, Meditationen und der Symbolik des Tantrismus. Nach tibetischer Tradition unterscheidet man vier Kategorien tantrischer Texte: Ritual (*kriya*), Praktiken (*charya*), Disziplin (*yoga*) und höchste Disziplin (*anuttarayoga*). Das „Mahavairochana Tantra" (Tantra des großen Vairocana), ein Text, der in China von großer Bedeutung ist, gehört zur Kategorie *charya*. Zur *anuttarayoga*-Kategorie zählen Texte wie das „Hevajra Tantra" und das „Guhyasamaja Tantra", in denen es um die unmittelbare Erfahrung der „Leerheit" geht. Die buddhistische tantrische Literatur in Indien entwickelte sich zwischen dem 7. und 12. Jh.

In Ostasien fungierte das *lotos-sutra* fast wie ein Kompendium der Mahayana-Doktrin und war sehr einflussreich im Hinblick auf die religiöse und philosophische Entwicklung des Mahayana. Das *sutra* enthält die berühmte Parabel von Buddha als Vater, der seine Kinder aus einem brennenden Haus lockt, indem er ihnen verschiedene „Fahrzeuge" anbietet. Sobald die Kinder draußen sind, gibt er ihnen das „Große Fahrzeug" des Mahayana. Die Parabel legt die Beziehung dar zwischen der Lehre des Mahayana und der der „Kleineren Fahrzeuge", die mit den älteren Schulen gleichgesetzt werden.

Die ungeheure Vielfalt buddhistischen Schrifttums führte zu zahlreichen Kontroversen über Authentizität und Exegese der Texte. Die 18 Schulen (*nikayas*, s. S. 16) warfen dem Mahayana vor, dass seine *sutras* nicht den tatsächlichen Unterweisungen Buddhas entsprächen. Man erwiderte, die Lehren der Schulen seien lediglich vorbereitende Unterweisungen, die das Mahayana noch übertreffe. Für die Madhyamaka-Schule besaßen nur bestimmte Texte des Mahayana letztgültige Aussagekraft (*nitartha*), während andere einer Auslegung bedürften (*neyartha*). Die chinesische und tibetische Tradition schuf mehrere komplexe Klassifikationssysteme, um Widersprüche aufzulösen und zu entscheiden, welche Texte am verlässlichsten für die Unterweisung seien. Die tantrische Tradition behandelte Fragen der Auslegung, indem sie sich darauf berief, dass die Bedeutung der Tantras absichtlich unklar sei und nur durch einen qualifizierten Lehrer (Sanskrit: *guru*, Tibetisch: *lama*) korrekt entschlüsselt werden könne.

Lehrrede über das Drehen des Rads des *dharma*

„Dies habe ich gehört. Einmal hielt sich der Meister im Hirschpark in Isipatana bei Benares auf. Dort sprach der Meister zu einer Gruppe von fünf Mönchen: ‚Oh Mönche, wer fortgegangen ist, um das Leben eines Mönchs zu führen, der sollte zwei Extreme meiden. Welche zwei Extreme? Eines ist die Hingabe an Leidenschaften und weltliche Freuden. Dies ist niedrig, gewöhnlich, gemein, unwürdig und nutzlos. Das andere ist die Hingabe an die Selbstdemütigung. Dies ist schmerzhaft, unwürdig und nutzlos. Durch Meiden dieser beiden Extreme, oh Mönche, hat Tathagata den Mittleren Weg verwirklicht. Dieser Weg schenkt Erkenntnis, er schenkt Wissen und er führt zur stillen, höheren Einsicht, zur Erleuchtung und zum Nirvana.

‚Und was, ihr Mönche, ist der Mittlere Weg? Es ist der Edle Achtfache Pfad: rechte Erkenntnis, rechtes Trachten, rechtes Reden, rechtes Handeln, rechte Lebensführung, rechtes Streben, rechte Achtsamkeit und rechtes Sichversenken. Dies, oh Mönche, ist der Mittlere Weg, den Tathagata verwirklichte. Er schenkt Erkenntnis, er schenkt Wissen und er führt zur stillen, höheren Einsicht, zur Erleuchtung und zum Nirvana.'"

Aus: *Samyutta Nikaya*, LVI, 11, nach der Übersetzung von Malcolm David Eckel

Kommentar

Das buddhistische Schrifttum führt seinen Ursprung auf die ersten Lehrreden Buddhas, das „Erste Drehen des Rads des *dharma*", zurück. Die Pali-Version dieser Lehrrede liefert eine Kurzfassung der grundlegenden buddhistischen Lehre einschließlich des Mittleren Wegs. Die buddhistischen Schriften genießen hohe Autorität, und man war bemüht, Buddhas Worte auswendig zu lernen, abzuschreiben, weiterzugeben und zu bewahren. Doch gründet Buddhas Autorität nicht auf einer bestimmten Formulierung seiner Lehre. Letztere ist mit einem Floß verglichen worden: Wenn Menschen einen Fluss mit einem Floß überqueren, lassen sie das Floß am Ufer zurück. Wer den *dharma* benutzt, um den Fluss des Leidens zu überqueren, kann die Worte des *dharma* hinter sich lassen.

Durch seinen pragmatischen Zugang in allen Fragen der Autorisation von Schriften, die der Glaubenspraxis dienten, war der Buddhismus sehr flexibel, wenn es darum ging, in der Begegnung mit fremden Kulturen Neues zu adaptieren. Die *sutras* des Mahayana etwa waren ein „Zweites Drehen des Rads des *dharma*" zur Einführung des Bodhisattva-Ideals. Die Tantras des Vajrayana führten Texte ein, in deren Mittelpunkt eine neue Methode der Erleuchtung stand. Der Wandel des stets weiterentwickelten Schrifttums trug vielfach zur Vitalität des Buddhismus in Tibet bei.

KAPITEL VIER

HEILIGE PERSONEN

Das Ziel des Buddhisten ist es, dem Beispiel Buddhas, des Erlauchten, zu folgen. Einzelne Mönche und Nonnen traten noch zu Lebzeiten Buddhas in dessen Fußstapfen und erreichten das Nirvana (s. S. 90). Da die Klostergemeinschaften zu Zentren der Ausbildung und Meditation wurden, prägten sie auch weiterhin die Entwicklung des buddhistischen Glaubens in Indien und im gesamten übrigen Asien.

Das Aufkommen des Mahayana-Buddhismus mit seinem Ideal des Bodhisattva brachte es mit sich, dass der Gläubige nicht unbedingt als Mönch oder Nonne in einen Orden eintreten musste, um dem Beispiel Buddhas folgen zu können. So haben im Mahayana auch heute zahlreiche Gläubige außerhalb der klösterlichen Gemeinschaften einen besonderen Grad an Heiligkeit oder Autorität gewonnen.

LINKS:
Tibetische buddhistische Nonnen bei einer Diskussionsveranstaltung im Hof des Dolma Ling Klosters, Dharamsala, Indien.

Es waren die ersten Anhänger Buddhas, etwa sein wichtigster Schüler Shariputra (Pali: Sariputta), die das klösterliche Ideal exemplarisch verkörperten. Kurz nach seiner Bekehrung durch Buddha wurde er ein *arhant*, ein „Ehrwürdiger", der wie der Meister selbst das Nirvana erreicht hat.

Dem zur gleichen Zeit bekehrten Maudgalyayana (Pali: Moggallana) sagte man nach, er könne die Mächte der Natur beruhigen und zu den höchsten Stufen des Kosmos reisen. In den chinesischen buddhistischen Texten wurde er unter dem Namen Mulian berühmt und reiste in die Hölle, um für seine Mutter Fürsprache zu halten.

Zu den wohl außergewöhnlichsten frühen Schülern Buddhas zählt Angulimala („Fingerkette"), soll er doch, bevor er die Bekanntschaft Buddhas machte, ein Massenmörder gewesen sein und die Finger seiner Opfer an einer Kette um den Hals getragen haben. Doch nachdem er Buddha begegnet war, dessen Schilderung des *dharma* ihn tief beeindruckte, wurde er Mönch und erreichte schließlich das Nirvana.

Die indischen Klöster späterer Jahrhunderte brachten ebenfalls Persönlichkeiten hervor, die aufgrund ihres Mutes, ihrer Bildung oder ihrer meditativen Fähigkeiten Berühmtheit erlangten. Der chinesische Mönch Xuanzang (596–664) etwa reiste im frühen 7. Jh. nach Indien, studierte Philosophie in indischen Klöstern und hinterließ einen Bericht über gelehrte Mönche, die in öffentlichen Debatten um die königliche Gunst stritten. Die Mahayana-Philosophen Shantarakshita und Kamalashila, unter deren Ägide das erste buddhistische Kloster in Tibet entstand, entstammten dieser hoch gebildeten Klosterwelt, ebenso Atisha, der bei der Wiedereinführung des Buddhismus in Tibet während der „Zweiten Verbreitung" eine wichtige Rolle spielte.

Nahezu endlos ist die Liste der bedeutenden Mönche, die die Religion in Ost- und Südostasien sowie Tibet prägten. In Sri Lanka sammelte beispielsweise der indische Mönch Buddhaghosa (5. Jh.) die einheimischen Kommentare und prägte damit maßgeblich die Theravada-Richtung des Buddhismus in Südostasien. In China wurde der Mönch Huineng (638–713) Sechster Patriarch und gründete eine Meditationsschule, deren Lehre sich zur vorherrschenden Richtung in China und zur wichtigsten Quelle des japanischen Zen-Buddhismus entwickelte.

Der japanische Mönch Kukai (774–835) wurde in China vom buddhistischen Meister Hui-ko in einer Form des tantrischen Buddhismus unterwiesen, dessen Lehre er an der Schule der „Wahren Worte" (*shingon*) verbreitete. Er war es auch, der die phonetische Silbenschrift einführte, die heute in Japan als Ergänzung neben den chinesischen Zeichen verwendet wird. In der Kamakura-Zeit folgte der Mönch Dogen Kigen (1200–1253) den Spuren Kukais

nach China, von wo er eine neue Meditationsform mit-
brachte, die sich als die Soto-Schule des Zen in Japan eta-
blieren sollte. Im Tibet des 14. Jh. widmete sich der Mönch
Tsongkhapa (1357–1419) der außerordentlichen Aufgabe
einer gedanklichen Synthese, aus der die Gelukpa-Rich-
tung und die Schule des Dalai Lama hervorgingen.

Heute setzen anerkannte Persönlichkeiten wie Thich
Nhat Hanh (*1926) die Klostertradition des Buddhismus
fort. Der vietnamesische Mönch stand an der Spitze der
buddhistischen Friedensdelegation während des Vietnam-
kriegs; sein weltweiter Kampf gegen Krieg und Unterdrückung fußt auf der klassischen buddhistischen Praxis
der Achtsamkeit. Viele Menschen, auch Nicht-Buddhis-
ten, sehen in der Person von Tenzin Gyatso, dem 14. Dalai
Lama (s. S. 99), eine Art Gottheit, ein lebendes Beispiel
buddhistischer Ideale.

Im Tantrismus, besonders in Tibet, besteht eine komplexe Beziehung zwischen dem Ideal des Mönchsgelehrten
und dem einsamen *siddha* oder „Heiligen". Die indische
tantrische Überlieferung beschreibt *siddhas* wie Maitri-
gupta (oder Maitripa), die am Rand der Zivilisation, in
den Wäldern oder an den Verbrennungsstätten, ihre entscheidende Meditationserfahrung mithilfe von ebenso
undogmatischen wie charismatischen Lehrern hatten.
Padmasambhava, der indische tantrische Heilige, der an

Ein japanischer Mönch sammelt Almosen; die Worte bhikshu
(Mönch) und bhikshuni *(Nonne) sind von einem Sanskrit-
Wortstamm mit der Bedeutung „betteln" abgeleitet.*

der Gründung des ersten tibetischen Klosters beteiligt war, wird als außerordentliche Persönlichkeit mit ungewöhnlichen Fähigkeiten dargestellt. Der tibetische „Heilige" Milarepa (1040–1123) wiederum war viele Jahre lang Schüler des leicht reizbaren Gurus Marpa, ehe er die Initiation erhielt und sich in die Berge zurückzog, wo er als einsamer *siddha* lebte.

Eine der bedeutendsten Entwicklungen für die gesellschaftliche Institutionalisierung des Buddhismus war die Übertragung des Bodhisattva-Ideals auf die Vorstellung eines unter göttlichem Schutz stehenden Königtums. Diese Tradition gibt es im Buddhismus schon seit dem 3. Jh. v. u. Z. und den Zeiten des Herrschers Ashoka, der aufgrund seiner Politik der Protektion und Förderung des *dharma* (s. S. 16) einen besonderen Status als *dhamma-raja* („Rechtschaffener König") einnahm.

Im Laufe der Entwicklung des Mahayana-Buddhismus wurden auch geachtete buddhistische Prinzen und Könige als Bodhisattvas angesehen, etwa der zum Buddhismus konvertierte japanische Kaiser Shotoku, der im Jahr 594 den Buddhismus in Japan zur Staatsreligion erhob.

Den Tibetern gelten wiederum die Dalai Lamas als Verkörperung des himmlischen Bodhisattva Avalokiteshvara. Der Respekt, der ihnen als Bodhisattvas entgegengebracht wurde (und wird), ermöglichte es ihnen, sowohl die Verantwortung für die weltliche Regierung als auch für die religiöse Führung Tibets zu übernehmen. Nicht nur Männer entsprachen dem Ideal buddhistischer Orden. Zu seinen Lebzeiten erklärte sich Buddha bereit, seine Tante zu ordinieren und einen Orden für Frauen zu schaffen. Der Pali-Kanon enthält einen Text mit dem Titel *Therigatha* („Die Verse der Ältesten"), die dieser ersten Gemeinschaft von Nonnen zugeschrieben werden. Heute sind die Nonnenorden in vielen buddhistischen Ländern verschwunden, nur in Tibet und China existieren noch aktive weibliche Orden, in anderen Ländern bemüht man sich um deren Wiederbelebung.

Während der Kamakura-Zeit in Japan kam es in mehreren wichtigen Bewegungen zum Bruch mit dem Klosterideal der Ehelosigkeit, und ihre Führer erhielten die Erlaubnis zur Heirat. Die im 12. Jh. entstandene „Wahre Schule des Reinen Landes" (*Jodo-shin-shu*) sucht im alltäglichen Handeln, der Welt und Buddha zu dienen. Sie hat in Japan noch heute die größte Anhängerschaft unter den buddhistischen Schulen des Landes. Mit ihrer pazifistischen Grundorientierung berufen sich viele der Sekten des modernen Japan auf den charismatischen japanischen Reformer Nichiren (1222–1281). Nichiren war für seine Weissagungen berühmt; er rief das japanische Volk dazu auf, zur wahren buddhistischen Praxis zurückzukehren.

Milarepa trifft seinen Lehrer

„Neben der Straße war ein großer korpulenter Mönch mit blitzenden Augen dabei, ein Feld zu pflügen. Sobald ich ihn erblickte, empfand ich unaussprechliche und unfassbare Glückseligkeit. Bei seinem Anblick hielt ich einen Moment lang beim Gehen inne. Dann sprach ich: ‚Mein Herr, man sagte mir, dass Marpa, der Übersetzer, der direkte Schüler des ruhmreichen Naropa, hier lebe. Wo ist sein Haus?‘ Sehr lange musterte er mich von oben bis unten. Dann sprach er: ‚Woher kommst du?‘

Ich antwortete: ‚Ich bin ein großer Sünder aus dem oberen Tsang. Er ist so berühmt, dass ich gekommen bin, um ihn nach dem wahren *dharma* zu fragen.‘

Er sprach: ‚Ich werde dich Marpa vorstellen, doch nun pflüge dieses Feld.‘

Er holte Bier vom Boden, das unter einem Hut verborgen gewesen war, und gab es mir. Es war gutes Bier, und es schmeckte großartig.

Er sagte: ‚Pflüge kräftig‘ und ging fort.“

Aus: *Mi la ras pa'i rnam thar*, nach der Übersetzung von Malcolm David Eckel

Kommentar

Wenige Episoden in der Geschichte des tibetischen Heiligen Milarepa (1040–1123) sind so dramatisch wie seine erste Begegnung mit Marpa, seinem künftigen Lehrer. Milarepa hatte sich mit Schwarzer Magie beschäftigt und seine Kenntnisse genutzt, um sich an einer Gruppe verfeindeter Verwandter zu rächen. Von Reue über seine Untaten gequält, suchte er nach einem Lehrer, der ihn von der Bürde seiner Sünden befreien konnte. Marpa stellte sich dieser schwierigen Aufgabe und unterwarf Milarepa harten Strafen und strikter Disziplin, bevor er ihn schließlich durch Gewährung der Initiation erlöste. Milarepas Demut und seine Bereitschaft, im Streben nach Wahrheit äußerste Mühen zu ertragen, machten ihn zu einem der angesehendsten Heiligen Tibets.

Der Schüler-Lehrer-Beziehung kommt in vielen buddhistischen Glaubensrichtungen maßgebliche Bedeutung zu. In Geschichten über Buddha wird häufig auf dessen Geschick hingewiesen, die spezifischen Bedürfnisse seiner Schüler zu erkennen und eine entsprechende Form der Unterweisung zu entwickeln. Im tantrischen Buddhismus fungiert der Lehrer als Stellvertreter Buddhas und leitet den Schüler durch die Gefahren des Wegs. Im Zen-Buddhismus wendet der Lehrer Methoden „jenseits von Wort und Schrift" an, die direkt auf Buddha zurückgehen.

KAPITEL FÜNF

ETHISCHE GRUNDSÄTZE

Im Zentrum der buddhistischen Ethik steht die Lehre vom „Edlen Achtfachen Pfad", der von der Welt des Leidens hin zum Nirvana führt. Wer diesem Pfad folgt, wird nichts Böses tun, sondern seinen Geist durch Meditation üben und ein Bewusstsein für das Wesen der Wahrheit entwickeln.

Die Prinzipien buddhistischer Ethik sind in verschiedenen Teilen der buddhistischen Welt unterschiedlich ausgeprägt; so trat besonders in den Ländern des Mahayana das aktive Ideal des mitleidvollen Bodhisattva an die Stelle des eher kontemplativen Ideals des einsamen Suchers nach dem Nirvana. Gleichwohl steht im Zentrum der buddhistischen Ethik nach wie vor das praktische Bemühen um die Entwicklung der Gesamtpersönlichkeit.

LINKS: Das chinesische Gemälde aus dem 12. Jh. zeigt Buddha beim Verteilen von Almosen an die Armen – ein Beispiel für „rechtes Handeln", das auf dem Weg zum Nirvana hilfreich ist.

Das Wesen buddhistischer Ethik erläutert folgende Geschichte: Ein Mann namens Malunkyaputta weigerte sich, der Lehre des Buddha zuzuhören, bevor dieser ihm nicht eine Reihe von Fragen beantwortet habe, etwa „Wie wurde die Welt erschaffen?" und „Wird Buddha nach dem Tod weiterleben?" In seiner Antwort verglich Buddha Malunkyaputta mit einem Mann, der von einem vergifteten Pfeil getroffen wird, sich aber weigert, ihn herausziehen zu lassen, bevor der Arzt ihm sagen könne, aus welchem Material der Pfeil bestehe, wer ihn abgeschossen habe usw. Für Buddhisten sind alle Spekulationen einem praktischen Prinzip unterworfen: Sie sind nur von Wert, wenn sie einem Menschen helfen, den „Pfeil des Leidens" zu entfernen und den Weg zum Nirvana zu finden. Alles andere ist Spekulation und damit unerheblich.

Das ethische Ideal des Bodhisattva wurde zum wichtigsten Prinzip moralischer Praxis für buddhistische Mönche und Nonnen sowie für die Laien in den Ländern des Mahayana in Nord- und Ostasien. Der Bodhisattva pflegt die Tugenden der Barmherzigkeit (*karuna*) und der Weisheit (*prajna*), wie dies im folgenden Boddhisattva-Schwur zum Ausdruck kommt: „Möge ich Buddhaschaft erlangen zum Wohle aller anderen Lebewesen!"

Im Mittelpunkt der Barmherzigkeit steht der Wunsch, das Leiden anderer zu lindern und sie auf dem Weg ins

Nirvana zu unterstützen. Die Tugend der Weisheit hat kontemplative Qualitäten; es gilt, durch den „Schleier der Illusionen", der vor der alltäglichen Wahrnehmung liegt, hindurchzusehen und so vom Leiden befreit zu werden. Die wichtigste Anleitung zur Erlangung des Nirvana ist der „Edle Achtfache Pfad", eine religiöse Übung aus acht Komponenten: „rechte Erkenntnis", „rechtes Trachten", „rechtes Reden", „rechtes Handeln", „rechte Lebensführung", „rechtes Streben", „rechte Achtsamkeit" und „rechtes Sich-Versenken". Die Voraussetzungen für das Nirvana lassen sich in drei Prinzipien zusammenfassen: Vermeidung schädlichen Handelns (*shila*), geistige Disziplin (*samadhi*) und die rechte Selbst- und Welt-Erkenntnis (*prajna*).

Diese Prinzipien stehen in Zusammenhang mit dem Gesetz des *karma*, dem zufolge das Leben eines Menschen die Folge seiner Handlungen aus früheren Leben darstellt und schlechte Handlungen in einem künftigen Leben bestraft werden, der Kreislauf von Tod und Wiedergeburt somit nicht durchbrochen werden kann. Mit Hilfe des geistigen Sich-Versenkens beseitigt man Begierde und Hass, die Ursachen für schädliches Handeln. „Weisheit" befreit von jenen Bestrebungen des Ich, die den gesamten Prozess von Begierde, Hass usw. in Gang halten.

Insbesondere die Laienanhänger des Theravada-Buddhismus orientieren sich im Hinblick auf ethische Fragen an den Fünf Geboten: Verboten sind Töten, Stehlen, sexueller Missbrauch, Lügen und berauschende Getränke. Darüber hinaus müssen Novizen fünf weitere Vorschriften beachten: keine Mahlzeiten nach der Mittagszeit, kein Schmuck, kein Besuch von Vergnügungseinrichtungen, kein Besitz von Geld und keine weichen Betten. Nach ihrer vollständigen Aufnahme in den Orden sind sie jedoch an mehr als 200 Regeln gebunden, die im „Vinaya Pitaka" festgehalten sind.

Im Buddhismus gibt es zahlreiche verschiedene Praktiken der „geistigen Sammlung" (*samadh*). Eine der Grundtechniken ist das Sitzen mit geradem Rücken und gekreuzten Beinen, um „Achtsamkeit" (Sanskrit: *smrti*, Pali: *sati*) des eigenen Atmens zu üben. Sinn der Übung ist es, den Geist zu beruhigen, schädliche Erregungen zu verringern und sich des Fließens der Wahrheit, durch die das Ich und die Welt bestimmt werden, stärker bewusst zu werden. Andere Meditationsformen verwenden wohl ausgewählte geistige Bilder, häufig Bildnisse von Buddhas oder Bodhisattvas, auf die sich die Verehrung konzentriert.

Die Ausübung der „Weisheit" (*prajna*) nimmt ebenfalls zahlreiche Formen an. Im Theravada beruht sie auf dem *Abidhamma*, dem dritten Abschnitt des Pali-Kanons; im Mittelpunkt steht die Lehre vom „Nicht-Selbst". Weisheit geht einher mit der Erkenntnis, dass das Selbst veränderlich ist und keine dauerhafte Identität besitzt. Dem „Nicht-Selbst" entspricht im Mahayana die Doktrin der „Leerheit". Das Nirvana ist keineswegs nur ein Ziel, das am Ende eines langen Prozesses der Disziplinierung erreicht werden kann – es lässt sich vielmehr in der „Leerheit" eines Augenblicks bereits in der Gegenwart erfahren.

Ein Mönch sitzt, versunken in die Lektüre buddhistischer Schriften, im großen Tempelkomplex Angkor Thom, Kambodscha.

Die Grundlagen der Achtsamkeit

„Einmal hielt sich der Meister in Uruvela unter einem Feigenbaum am Ufer des Neranjara-Flusses auf und hatte gerade Erleuchtung erlangt. Da er sich in Einsamkeit und Abgeschiedenheit befand, dachte er: ‚Dies ist der einzige Weg, wie lebende Wesen zur Reinheit gelangen, Gram und Schmerz überwinden, Leiden und Traurigkeit beenden, den rechten Pfad finden und Nirvana erreichen können, nämlich die vier Grundlagen der Achtsamkeit.‘ Welche sind diese vier? Ein Mönch sollte so leben, dass er Achtsamkeit übt in Bezug auf seinen Körper. Er sollte energisch und aufmerksam sein und gemeine Gier und Unzufriedenheit meiden. Der Mönch sollte genauso handeln in Bezug auf die Empfindungen, den Geist und innere Befindlichkeiten. Dies ist der einzige Weg, wie lebende Wesen zur Reinheit gelangen, Gram und Schmerz überwinden, Leiden und Traurigkeit beenden, den rechten Pfad finden und Nirvana erreichen können, er besteht in den vier Grundlagen der Achtsamkeit."

Aus: *Samyutta Nikaya*, XLVII, 18, nach der Übersetzung von Malcolm David Eckel

Kommentar

Eine Grundvoraussetzung für das Erreichen des Nirvana ist die Fähigkeit, den Geist zur Ruhe zu bringen und die Leidenschaften zu zügeln. Im Mahayana gilt diese „Achtsamkeit" häufig auch als Voraussetzung für die Barmherzigkeit: Wenn der Geist gesammelt und ruhig ist, ist er eher offen für die Wahrnehmung des Leidens anderer.

Buddhisten beginnen ihre Meditation oft mit einer einfachen Übung der Achtsamkeit. In der traditionellen Meditationshaltung, mit gekreuzten Beinen sitzend, konzentriert man sich auf seine eigene Atmung. Aber diese Übung kann auch in anderer Weise gestaltet werden und lässt sich auf jede menschliche Tätigkeit übertragen. Wenn man liegt, sollte man ganz bewusst liegen. Wenn man sitzt, sollte man ganz bewusst sitzen. Und wenn man geht, sollte man ganz bewusst gehen.

Im Grunde zielt diese Übung auf die Klärung des Geistes: Man sollte sich der Gedanken und Gefühle, die den Geist im Alltagsleben trüben, bewusst werden. Achtsamkeit lässt den Geist Ruhe finden, so wie die Wasseroberfläche eines Sees ruhig wird, wenn kein Wind mehr weht, oder wie ein Feuer verlöscht, wenn ihm kein Brennstoff mehr zugeführt wird.

KAPITEL SECHS

HEILIGE ORTE

Nach buddhistischer Anschauung werden Orte heilig durch ihren Bezug zu Buddha oder anderen heiligen Personen. Die Urform eines buddhistischen Schreins ist ein *stupa*, ein Grabhügel, der die Reliquien der Feuerbestattung Buddhas enthält. Überall in der buddhistischen Welt stehen *stupas* noch immer im Mittelpunkt der Verehrung, desgleichen Tempel zur Anbetung bestimmter Buddhas und Bodhisattvas. Ebenso wie der Ort, an dem Buddha zur Erleuchtung gelangte, kann der gesamte Kosmos als heilig betrachtet werden. Dasselbe kann für bestimmte Länder gelten oder bestimmte geografische Punkte, die mit buddhistischen Gottheiten in Verbindung gebracht werden. Sogar der Platz, an dem jemand meditiert, kann als ein Ebenbild des Buddha-Throns und damit als heilig angesehen werden.

*LINKS:
Meister Soen
Ozeki harkt
den Kies im
Zen-Garten
des Klosters
Daisen-in in
Kyoto, Japan.
Der weiße
Kies stellt die
Reinheit des
Geistes dar,
der Baum die
Erleuchtung
Buddhas.*

In den letzten Anweisungen an seine Schüler, wie sie im *Mahaparinibhana Sutta* festgehalten sind, verfügte Buddha, sein Körper solle verbrannt und seine Asche in einer Reihe von *stupas* beigesetzt werden. Diese der Verehrung und Meditation dienenden Grabhügel gehen auf die Grundform des buddhistischen Schreins zurück: ein großer Hügel im Zentrum, umgeben von einem Umwandlungsweg und einer steinernen Umfriedung; darüber ein quadratischer Steinaufsatz, über dem sich ein meist dreiteiliges steinernes schirmförmiges Gebilde erhebt.

In den frühesten *stupas* waren die Buddha-Reliquien in dem quadratischen Aufsatz untergebracht, später wurden sie im Zentralhügel aufbewahrt. Die *stupas* zieren Darstellungen von Buddha selbst, von Szenen aus seinem Leben sowie von wichtigen Passagen aus buddhistischen Texten. Als Zeichen seiner Verehrung Buddhas kann der Gläubige an diesen traditionellen Schreinen Opfer bringen. Die Grundform des *stupa* wurde in verschiedenen Ländern unterschiedlich umgesetzt. In Südostasien blieb meist die traditionelle niedrige runde Form erhalten. In Tibet wurde seine Gestalt vertikal in die Länge gezogen und heißt *chorten* oder „Opferstätte". Die aufstrebende Form der Pagoden in China, Korea und Japan geht zurück auf die grazilen Schirmformen, die einst die Spitzen der *stupas* in Indien schmückten.

Bei dem großen buddhistischen Tempel in Borobudur auf Java wurde der einfache Umwandelungsgang kunstvoll zu einer Reihe aufsteigender Galerien ausgestaltet. Darin wird die Geschichte Sudhanas erzählt, eines jungen Mahayana-Pilgers auf der Suche nach Erleuchtung. Auf dem Gipfel angelangt, steht der Gläubige vor einer offenen Plattform, auf der eine Anzahl einzelner *stupas* aufgereiht sind, jede davon mit einem Bildnis des sitzenden Buddha. Im Zentrum des Platzes steht ein großer leerer *stupa*, der die leere Klarheit der Erkenntnis des Buddha verkörpert – eine der elegantesten und eindrucksvollsten Darstellungen der Erleuchtung des Buddha in der gesamten buddhistischen Welt. Im Tempelbau folgten die Buddhisten in Indien dem Vorbild der Hindu-Tempel. Die ältesten buddhistischen Tempel lagen in Höhlen im Westen Indiens. Der Höhleneingang führte in der Regel zu einem großen offenen Raum, wo die Gläubigen vor einem kleinen *stupa* oder einem Bildnis des Buddha saßen oder standen. Zuweilen befand sich das Bildnis in einem separaten Raum – ähnlich dem *garbha grha*, dem Allerheiligsten im Hindu-Tempel. In den letzten Jahren hat man sich bemüht, einige der wichtigsten buddhistischen Tempel in Indien wiederaufzubauen, die im 12. und 13. Jh. zerstört worden waren. Beispielsweise unternahm eine buddhistische

Organisation, die Mahabodhi-Gesellschaft („Große Erleuchtung"), die Restaurierung des Mahabodhin Tempels
in Bodh Gaya, an der Stelle, wo Buddha Erleuchtung
erlangte.

Die buddhistische Tempelarchitektur Indiens hatte
größten Einfluss in der gesamten buddhistischen Welt.
Der Tempel in Kandy (Sri Lanka) und derjenige des Sma-
ragdbuddhas in Bangkok gelten den Königshäusern bei-

*Der buddhistische Tempel in Borobudur auf der Insel Java,
Indonesien. Bei dieser Umgestaltung des traditionellen* stupa
handelt es sich um eine Darstellung des Kosmos.

der Länder als heilig. Der Jokhang in Lhasa bewahrt angeblich das älteste Buddha-Bild in Tibet und stand jahrhundertelang im Zentrum buddhistischer Wallfahrten. Der große Tempel im japanischen Nara spielte eine entscheidende Rolle in den Beziehungen zwischen dem Buddhismus und dem japanischen Kaiserhaus.

Im 20. und 21. Jh. sind buddhistische Tempel auch in Europa und Nordamerika kein ungewöhnlicher Anblick mehr. So heißt es etwa, dass Los Angeles die weltweit vielfältigste Stadt des Buddhismus sei. Zu ihren vielen heiligen Stätten gehört beispielsweise auch der ausgedehnte Hsi-Lai-Tempelkomplex der taiwanesischen buddhistischen Gemeinde.

Der in der buddhistischen Sakralarchitektur geschaffene heilige Ort kann auch kosmologisch interpretiert werden. Dabei steht etwa der Zentralhügel des *stupa* für den Berg Meru – in der buddhistischen Kosmologie der Berg, der den Mittelpunkt der Erde markiert. Die Schirmformen, die sich über der Zentralachse des *stupa* erheben, stehen für die verschiedenen Himmels-Ebenen, die nach altindischer Tradition von unterschiedlichen Kategorien von Göttern bewohnt werden. Über jenen Schirmen im leeren Himmelsraum befinden sich das gestaltlose Reich, das die buddhistischen „Heiligen" in der höchsten Meditationsstufe erreicht haben, sowie die

Buddha-Felder – der Aufenthaltsort der himmlischen Buddhas und Bodhisattvas des Mahayana. Dementsprechend beinhaltet das rituelle Umschreiten des *stupa* nicht nur einen Akt der erinnernden Vergegenwärtigung und Verehrung Buddhas; der Gläubige kann sich vielmehr zugleich am Mittelpunkt des Kosmos orientieren.

Die Vorstellung von einem heiligen Zentrum wurde in Indien vor allem mit dem Buddha-Thron, dem Ort von Buddhas Erleuchtung in Bodh Gaya, in Zusammenhang gebracht. Einer indischen Legende zufolge kommen alle Buddhas zu demselben Thron, um Erleuchtung zu erlangen. Das heute unter dem Bodhi-Baum in Bodh Gaya sichtbare Steingebilde wird als die Spitze eines bis zum Mittelpunkt der Erde reichenden Diamant-Throns verehrt, auf dem Buddha selbst gesessen haben soll. Die Vorstellung von einem heiligen „Sitz der Erleuchtung" lässt sich auch auf heilige Berge übertragen, wie beispielsweise den Kailasa in Tibet oder den Wutai in China, die als Throne mächtiger Buddhas und Bodhisattvas verehrt werden.

Umgekehrt wird die Vorstellung eines heiligen Ortes auch auf den physischen Ort ausgedehnt, an dem sich der Meditierende befindet. Anhänger des Zen-Buddhismus beispielsweise rufen sich bei ihren Meditationen in Erinnerung, der Platz, auf dem sie sitzen, sei der Thron aller

Buddhas, sowohl derjenigen der Vergangenheit als auch der Zukunft. Nach buddhistischer Auffassung bilden die in Schreinen verehrten körperlichen Überreste und physischen Abbilder des Buddha dessen „Form-Körper". Auch seine Lehre, der so genannte „*dharma*-Körper", wird verehrt. Nach einigen frühen Mahayana-*sutras* soll jeder Ort, an dem der *dharma* ausgelegt wird, als „Schrein" (*chaitya*) des Buddha betrachtet werden; so werden in den klassischen indischen Schriften Schreine beschrieben, in denen ein Exemplar der Mahayana-Schriften prachtvoll präsentiert und somit ins Zentrum der Verehrung gerückt wird. Viele indische *stupas* enthalten heilige Texte anstelle von Buddha-Reliquien. Auch in tibetischen Tempeln kann man die Verehrung der Schriften beobachten. Dasselbe gilt für die hohe Wertschätzung des *lotos-sutra* bei den auf den Sozial- und Religionsreformer Nichiren zurückgehenden japanischen Sekten.

Viele altindische Reiseberichte erzählen von bestimmten Merkmalen der Landschaft, die mit dem Leben Buddhas in Zusammenhang gebracht wurden. Man behauptete etwa, dass eigentümliche Spuren an Felsen in einem Fluss bei Sarmath entstanden, als Buddhas Mantel beim Überqueren des Wassers an ihnen entlangstreifte. Es heißt, in einer Stadt bei Shravasti habe sich eine Erdspalte auf-

getan, worin einer von Buddhas Feinden verschwand.
Vielerorts besteht ein lebhafter Kult um Buddhas angeb-
liche Fußabdrücke, ganz besonders ausgeprägt am Adam's
Peak in Sri Lanka. Der Theravada-Überlieferung zufolge
hat sich Buddha mit Hilfe seiner magischen Fähigkeiten
nach Sri Lanka begeben und dort seine Fußabdrücke als
Zeichen seines Besuchs hinterlassen.

Seit Jahrhunderten sind die heiligen Stätten des
Buddhismus Pilgerziele. Buddhisten in ganz Südostasien unternehmen Pilgerreisen zu den heiligen Stätten
ihres Glaubens. Tibeter reisen nach Zentraltibet zu den
heiligen Stätten von Lhasa und unternehmen die strapa-
ziöse Pilgerfahrt in den Westen des Landes, um den Berg
Kailasa zu umwandern. Chinesische Buddhisten wiederum reisen zum Berg Putuo auf einer kleinen Insel vor
der Küste der Provinz Zhejiang, um dem weiblichen
Bodhisattva Kuanyin zu huldigen, die dort ihren Sitz
haben soll. In Japan wird der Fujiyama von vielen buddhistischen Sekten verehrt.

Die Geschichte des japanischen Buddhismus kennt
zahlreiche berühmte Pilger. Einige, wie die Gründer des
Zen-Buddhismus, Myoan Eisai und Dogen Kigen, reisten
auf der Suche nach dem *dharma* nach China. Andere, wie
der Dichter Matsuo Basho (1644–1694), suchten Erleuchtung auf den Straßen Japans.

Der Buddhismus kennt auch heilige Stätten, die
unsichtbar sind. Das apokalyptische *Kalachakra Tantra*
(„Rad der Zeit"), eine der letzten in Indien entstandenen
tantrischen Schriften, berichtet von einem mythischen
Königreich mit Namen Shambhala, das in den Bergen im
Norden Indiens verborgen sei und von einem gerechten
buddhistischen König regiert werde. Der Text prophezeit
eine Zeit, in der die Mächte des Bösen die Herrschaft über
die Welt übernehmen werden. Dann werde Shambhala
sichtbar werden und der gerechte König, umgeben von
seinen Armeen, seine Zitadelle verlassen, um die Mächte
des Bösen zu bekämpfen und die Herrschaft des *dharma*
wiederherzustellen.

Weissagungen wie die des Kalachakra waren in bestimmten Phasen der Geschichte des Buddhismus äußerst
einflussreich. Sie dienten nicht nur den Tibetern als Ide-
albild eines buddhistischen Königreichs, sondern auch
dem Yogi als ein symbolisches Ziel, das er durch Meditation zu erreichen sucht.

Das mythische Königreich Shambhala wurde in der
westlichen Vorstellung häufig mit Tibet selbst verknüpft.
Es galt als buddhistisches „Paradies", in dem eine uralte
und heilige Lebensweise, durch die unüberwindliche Bar-
riere des Himalaya von äußeren Einflüssen abgeschirmt,
die Jahrhunderte überdauert hat.

Guanyins Wohnstatt auf dem Berg Putuo

„Mit Augenbrauen wie die Sichel des Neumonds
und Augen, hell wie Sterne,
strahlt ihr jadegleiches Antlitz natürliche Freude aus,
ihre Purpur-Lippen gleichen einem roten Blitz.
Ihr reiner Körper verströmt Nektar Jahr für Jahr.
Sie hält Weidenzweige, grün vor Reife.
Sie zerstreut die acht Leiden,
sie erlöst die Massen.
Sie besitzt große Barmherzigkeit.
So herrscht sie auf dem Berg T'ai
und lebt in der Süd-See.
Sie rettet die Guten, lauscht suchend nach deren Stimmen,
stets aufmerksam und tröstend,
stets weise und wirkungsvoll.
Ihr Orchideen-Herz erfreut sich am großen Bambus,
ihr keuscher Charakter liebt die Glyzinie.
Sie ist die barmherzige Herrscherin des Bergs Potalaka,
die Lebende Kuan-yin (Guanyin) aus der Höhle des
    Flutgesangs."

Aus: *The Journey to the West*, Bd. 1, nach der Übersetzung von Anthony C. Yu,
Chicago 1977, S. 185

Kommentar

Diese Zeilen aus *Die Reise nach dem Westen*, einem Roman
aus dem 16. Jh. über die Reisen des chinesischen Mönchs
Xuanzang, erläutern die Verbindung zwischen dem Bodhisattva Guanyin und dem Pilgerort am Berg Putuo auf
einer Insel vor der südchinesischen Küste. Die heilige
Landkarte der Buddhisten in China verzeichnet drei Berge,
die mit drei wichtigen Bodhisattvas verbunden sind: Der
Wutai in der Provinz Shanxi ist die Heimat von Wenshu
(Sanskrit: Manjushri), des Bodhisattvas der Weisheit; der
Emei in Sichuan ist die Heimat von Puxian (Samanta-
bhadra), des Bodhisattvas des tugendhaften Handelns und
der Putuo in Zhejiang von Guanyin (Avalokiteshvara), des
Bodhisattvas der Barmherzigkeit. Der Putuo wurde auch
mit Potalaka gleichgesetzt, nach indischer Überlieferung
die Inselheimat von Guanyin (Avalokiteshvara).
Eine der Gründungslegenden des Putuos berichtet
von dem japanischen Mönch Egaku. Bei seiner Heimreise
führte er ein Bildnis der Guanyin mit sich. Als sich das
Schiff dem Putuo näherte, lief es auf Grund. Er betete zu
Guanyin um Hilfe, und das Schiff wurde zu einer Höhle an
der Küste geschwemmt, die als „Höhle des Flutgesangs"
bekannt ist. Dort errichtete Egaku einen Schrein für
Guanyin, „die sich weigerte, abzureisen". Heute kommen
Pilger aus ganz China zum Putuo.

KAPITEL SIEBEN

FESTE UND HEILIGE ZEITEN

Der Wechsel der Jahreszeiten und die Stationen des menschlichen Lebens werden von Buddhisten auf unterschiedlichste Art und Weise begangen. Einige Feste und Rituale stehen eindeutig im Zusammenhang mit Ereignissen im Leben Buddhas, mit der Lehre des *dharma* oder mit der klösterlichen Praxis, während andere, etwa die Neujahrsfestlichkeiten oder Hochzeitszeremonien, nur bedingt im Glauben verwurzelt sind.

Für viele Buddhisten gehört unsere Gegenwart zu einem „absteigenden Weltalter", wobei der sich verschlechternde Zustand der Welt einen einfacheren und direkteren Zugang zur Praxis des *dharma* erfordert. Für viele Gläubige ist jedoch die Unterscheidung unterschiedlicher Zeitabschnitte ohne Belang, da die Wahrheit ohnehin nur durch Versenkung in die Heiligkeit des Augenblicks erfahren werden kann.

LINKS:
Bei seinem Eintritt ins Kloster zur Ausbildung als Novize wird einem burmesischen Jungen der Kopf kahl geschoren.

Die wichtigsten Feste im Jahresverlauf sind für viele Buddhisten solche, die an Episoden aus dem Leben Buddhas erinnern. In Sri Lanka und anderen südostasiatischen Ländern des Theravada ist Visakha Puja (Buddhas Geburtstag) der bedeutendste buddhistische Feiertag. Er fällt auf den Vollmondtag des Monats Visakha des Mondkalenders (April–Mai). Das Fest erinnert an Buddhas Geburt, Erleuchtung und Tod. Die Gläubigen besuchen an diesem Tag Klöster, verehren Schreine und Bildnisse und hören traditionelle Lehrreden über Buddhas Leben. Auch die Tibeter feiern die Schlüsselereignisse im Leben Buddhas, allerdings über das Jahr verteilt an unterschiedlichen Tagen. Kein Fest ist bedeutender als das anlässlich von Buddhas Empfängnis bzw. Inkarnation am 15. Tag des ersten Monats im Mondkalender, es bildet einen Teil der Festreihe zum tibetischen Neujahr.

Im Mittelpunkt anderer Feierlichkeiten stehen Reliquien der Person des Buddha. Zahlreiche Buddhisten strömen im Juli oder August nach Kandy (Sri Lanka) zu dem großen, seit mehr als tausend Jahren begangenem Fest, in dessen Verlauf bei einer Prozession ein als Reliquie verehrter Zahn des Buddha durch die Straßen getragen wird. Im 9. Jh. verfasste der chinesische Pilger Faxian einen der ältesten Augenzeugenberichte über diese seit Jahrhunderten begangenen Feierlichkeiten.

In vielen buddhistischen Ländern werden Feste zu
Ehren wichtiger buddhistischer Lehren und Schriften
gefeiert. Der Theravada-Buddhismus begeht den Jahrestag
der ersten Lehrrede Buddhas zum Vollmond des achten
Monats des Mondkalenders. Dieses Datum fällt mit dem
Beginn der Monsun-Zeit zusammen, während der sich die
Mönche alljährlich in die Klöster zurückziehen. In Laos
wird jedes Jahr an die Geschichte des Prinzen Vessantara
erinnert, eine der früheren Inkarnationen Buddhas (s. Abb.
S. 12). In Tibet feiert man jedes Jahr das *Kalachakra Tantra*
(s. S. 73), während chinesische und japanische Buddhisten
jährliche Feste anlässlich buddhistischer *sutras*, besonders
des *lotos-sutra* begehen.

In den Ländern des Theravada feiert man am Vollmond
im dritten Monat des Mondkalenders den Beginn der
samgha, der buddhistischen Gemeinde. Die Gläubigen
unternehmen rituelle Umwandelungen buddhistischer
Schreine und hören Lobesreden über die Verdienste der
Mönche um das Wohl der Laienanhänger. In Süd- und Südostasien ist es Sitte, sich während des Monsuns (Juli bis
Oktober) zurückzuziehen. Dieser Brauch geht auf die Früh-
zeit des Buddhismus zurück. Da der Regen die Straßen
unpassierbar machte, waren die Mönche gezwungen, für die
Dauer der Regenzeit in den Klöstern zu bleiben. Für die
Mönche ist dies die Zeit konzentrierter Studien und Medi-

tation. Für die Laienanhänger ist das Ende dieser Periode Anlass für eine Vielzahl von Feierlichkeiten. Sie nehmen gemeinsam mit Mönchen an Prozessionen teil und spenden für das kommende Jahr Kleidung und andere für den Unterhalt des Klosters notwendige Dinge.

In Kandy (Sri Lanka) feiern Gläubige bei der alljährlichen Prozession. Dabei wird eine Reliquie, ein angeblich von Buddha stammender Zahn, durch die Straßen getragen.

Eine der wichtigsten jahreszeitlichen Feiern der buddhistischen Kulturen vor allem Ostasiens ist die Ankunft des neuen Jahres. In China und Japan sind die Neujahrsfeierlichkeiten nur am Rand mit buddhistischen Themen verknüpft. Das tibetische Neujahrsfest verweist auf einige Wunderereignisse im Leben Buddhas, aber die Hauptaufgabe des Rituals ist die Vertreibung unheilvoller Einflüsse aus dem alten Jahr, um der Gemeinschaft Wohlstand und Glück zu sichern.

Deutlicher sind die Bezüge zum Buddhismus in Ostasien beim Fest der Toten. Das in Japan Mitte Juli gefeierte *Obon*-Fest erinnert an Maudgalyayana, einen der ersten Schüler Buddhas, und seine Bemühungen um seine verstorbene Mutter.

Übergangsriten sind im Buddhismus ebenso wichtig wie in anderen Religionen. In den Ländern des Theravada-Buddhismus gibt es zwischen Geburt und Erwachsenwerden eines Kindes eine ganze Reihe von Ritualen. In Myanmar gehören zu den besonderen Kindheitsriten die Schwangerschafts-, Geburts- und Namenszeremonien sowie für Mädchen eine Ohrstech- und für Jungen eine Haarbindezeremonie. Ihrem Ursprung nach wurzeln solche Zeremonien selten in buddhistischen Traditionen (obwohl meist buddhistische Mönche anwesend sind und Gesänge oder Gebete vortragen). Doch sobald ein Knabe mindestens acht Jahre alt ist, folgt häufig die Ordinierung zum Mönch, als Übergangsritus für den Schritt vom Kind zum Erwachsenen. Einmal ordiniert, bleibt der Jugendliche zuweilen nur so lange im Kloster, bis er die Regeln der klösterlichen Praxis oder Lesen und Schreiben gelernt hat. Entschließt er sich zum Verbleib im Kloster, legt er die erforderlichen Gelübde ab. Das Ordinationsritual wiederholt den Ablauf der Ereignisse bei Buddhas eigenem Rückzug von der Welt: Der junge Mann bekommt den Kopf geschoren, legt das Klostergewand an und spricht die Sätze, die seinen Eintritt in den Orden erklären. Ebenso wie bei den Kindheitsriten vereinen sich auch bei den nach buddhistischen Zeremonien begangenen Hochzeiten in den Ländern des Theravada unterschiedliche Traditionen und Absichten. Buddha selbst ist kaum ein positives Beispiel für die Ehe, da er seine Familie verließ, um ein Leben als Wandermönch zu führen. In Südostasien werden Mönche oft zu Hochzeiten eingeladen, wo sie Opfergaben erhalten und Glück verheißende Texte singen. In China ist das Hochzeitsritual auch für Anhänger des Buddhismus in erster Linie durch die chinesischen Werte der Kinderliebe und Ahnenverehrung bestimmt. In Japan feiert man traditionelle Hochzeiten gewöhnlich nach shintoistischen Zeremonien.

Ganz anders ist es bei Begräbnissen. Buddhas Entscheidung, sich aus seiner gewohnten Umgebung zurück-

zuziehen und den irdischen Annehmlichkeiten zu entsagen, wurde durch den Anblick von Alter, Krankheit und
Tod ausgelöst und die mit dem Tod verbundenen Rituale
sind zutiefst mit buddhistischen Werten verknüpft. In
China, Korea und Japan wenden sich die Menschen an
buddhistische Mönche und Priester, wenn es um die
Durchführung ihrer Bestattung geht, und alljährliche
Opfer- und Gedenkfeierlichkeiten zu Ehren der Verstorbenen bestärken die Familienbande, die zu bestimmten Tempeln bestehen. In Südostasien dauern Begräbnisfeiern
häufig mehrere Tage, wobei Opfer dargebracht und *sutras*
gesungen werden, um so dem Verstorbenen zusätzliche
Verdienste zu verleihen, die ihm im nächsten Leben von
Vorteil sein können.

Für Buddhisten ist die als heilig erachtete Zeit keineswegs auf eine einzige Jahreszeit oder die Ereignisse eines
einzigen Lebens beschränkt. So befindet sich etwa, einer
bestimmten buddhistischen Überzeugung zufolge, der
dharma seit dem Goldenen Zeitalter, das während des
Lebens des historischen Buddha herrschte, im Niedergang. In diesem absteigenden Weltalter ist es schwierig,
den *dharma* in der traditionellen Weise zu praktizieren.
Abschließend sei noch darauf hingewiesen, dass für viele
Buddhisten jegliche Unterteilung der Zeit unwesentlich
ist – kann doch das Erwachen jederzeit geschehen.

Das Weltalter des Niedergangs des *dharma*

„Der Herr Shakya gab allen himmlischen Wesen bekannt,
dass, wenn in den fünften 500 Jahren nach seinem Tod alle
seine Wahrheiten im Dunkel verhüllt seien, der Bodhisattva der großartigen Aktion dazu berechtigt sei, die
Schlechtesten unter den Menschen zu retten, die die Wahrheit verunglimpften, und die hoffnungslos Leprösen durch
die geheimnisvolle Arznei der Anbetung des Lotus der
Reinen Wahrheit zu heilen (...) Wenn dieses Versprechen
nicht vergeblich war, wie können die Herrscher des Volkes
von Japan sich in Sicherheit wiegen, die, in die Turbulen-
zen von Zwist und Boshaftigkeit verstrickt, die Botschafter
des Tathagata und dessen Anhänger, die von Buddha beauf-
tragt waren, das Lotos der Wahrheit zu verkünden, zurück-
gewiesen, beleidigt und geschlagen haben? Man wird sagen,
dass dies ein Fluch sei; doch die das Lotos der Wahrheit verkünden, sind die Väter aller in Japan lebenden Menschen
(...) Ich, Nichiren, bin der Meister und Herr des Landes-
herrn wie auch der Buddhisten aller anderen Schulen. Dessen ungeachtet, behandeln uns die Herrscher und das Volk
auf üble Weise (...) Daher kommen die Mongolen sie zu
strafen (...) Es ist allen Einwohnern von Japan bestimmt,
dass sie unter den Invasoren zu leiden haben werden."

Aus: *Nichiren's Account of the Degenerate Age of the Dharma*, zitiert nach
Sources of Japanese Tradition, hrsg. v. William Theodore de Bary, New York
1958, S. 225–226

Kommentar

Wie in den Anfängen vieler Religionen waren auch die frühen Buddhisten der Auffassung, dass das Leben zu Lebzeiten des Religionsgründers besser war. Aus dieser Vorstellung erwuchs eine Theorie über den Niedergang des *dharma*: In den ersten 500 Jahren nach Buddhas *parinirvana* war es möglich, den wahren *dharma* zu üben; in den nächsten 500 Jahren konnte der Gläubige nur noch den Schatten des wahren *dharma* erreichen. In den „Letzten Tagen" war sogar dieser Schatten nicht mehr zu erkennen.

Diese Theorie des historischen Niedergangs hatte großen Einfluss auf die buddhistische Praxis in Indien, China und Tibet, aber seine stärkste Wirkung entfaltete sie in der Kamakura-Zeit (1192–1333) in Japan. Es gab soziale Unruhen, das Land litt unter anhaltenden Kriegen; und die Invasion durch eine mongolische Flotte stand als unmittelbare katastrophale Bedrohung bevor. Shinran und Nichiren, zwei herausragende Reformer, predigten angesichts der Zeiten des Niedergangs eine grundlegende Neuorientierung der buddhistischen Praxis. Für Shinran lag die Lösung im Vertrauen auf die rettende Gnade des Amida Buddha, für Nichiren lag sie in der Macht des *lotos-sutra*. Beide Reformer initiierten bei den etablierten Glaubensrichtungen Neuorientierungen und Massenbewegungen, die das Gesicht des Buddhismus in Japan nachhaltig veränderten.

KAPITEL ACHT

TOD UND JENSEITS

Der Überlieferung nach wurde Siddharta Gautama bei seinen Ausfahrten dreimal mit dem Leid menschlichen Lebens konfrontiert: Er sah einen Kranken, einen Alten und einen Toten. Bei einer späteren Ausfahrt begegnete er einem wandernden Asketen, der dem herkömmlichen Leben entsagt hatte, um dem Kreislauf aus Tod und Wiedergeburt zu entfliehen. Diese „Vier Ausfahrten" veranlassten Siddharta, den Weg der Weltentsagung einzuschlagen. Für Buddhisten ist die Gewissheit des Todes ein zentrales Moment ihrer Glaubenspraxis, üben sie sich doch in Strategien, dieser Herausforderung zu begegnen – von moralisch-geistiger Disziplin, die eine günstige Wiedergeburt sicherstellen soll, bis zu Meditation und Versenkung, die die Erlösung des Menschen vom endlosen Kreislauf aus Tod und Wiedergeburt ermöglichen.

LINKS:
Das tibetische thangka (Bildrolle) zeigt das „Rad des Lebens", den Kreislauf von Tod und Wiedergeburt des Menschen. Es gibt sieben Stufen der Wiedergeburt und es ergibt sich aus den Handlungen des Menschen in seinen früheren Leben, in welche davon er wiedergeboren wird.

Die traditionellen buddhistischen Vorstellungen über den Tod fußen auf der altindischen Lehre vom *samsara*. Der Begriff wird übersetzt als „Reinkarnation", „Seelenwanderung" oder „Wiedergeburt", bedeutet aber wörtlich „ewige Wanderung" – von einem Leben zum anderen. Zu Buddhas Lebzeiten war der Glaube der Menschen geprägt von der Vorstellung eines zyklischen Lebensverlaufs: Ein Mensch wird geboren, altert, stirbt, wird dann in einem anderen Körper wiedergeboren, und der Prozess beginnt von Neuem. Man kann als Mensch, als Gott, als Geist oder als Tier wiedergeboren werden – oder in der Hölle. Die Art und Weise der Reinkarnation des Einzelnen beruht auf dem Karma. Jemand, der im Verlauf seines Lebens Verdienste, also ein gutes Karma erworben hat, wird im künftigen Leben in einer günstigeren Situation wiedergeboren, vielleicht sogar als Gottheit. Das Umgekehrte gilt für Menschen, die schlecht gehandelt haben. Die übelsten Missetäter können nur dann zur Reinkarnation gelangen, wenn sie zur Tilgung ihrer Schuld in einer der nach der Schwere der Strafen gestaffelten Stufen der Hölle gelitten haben. Auf der niedrigsten und schlechtesten Stufe stehen Menschen, die ihre Eltern oder ihren Lehrer getötet haben. Ebenso wie die Bewohner der Hölle sich von ihren Sünden reinwaschen können, um dann als Menschen wiedergeboren zu werden, können auch die zu

Göttern Aufgestiegenen ihren Verdienst aufzehren und ins Reich der Menschen zurückkehren. Unabhängig davon, welche Reinkarnationsstufe jemand erreicht hat, besteht immer die Gefahr, auf einer niedrigeren Stufe wiedergeboren zu werden. Das Bemühen um ein verdienstvolles Leben gründete zu Buddhas Zeiten somit in der Hoffnung auf eine bessere Wiedergeburt im nächsten Leben. Doch Siddharta sah das *samsara* als ewigen Kreislauf von Tod und Leiden, den er durchbrechen wollte. Der Überlieferung nach befand er sich im Augenblick seines „Erwachens" unter dem Bodhi-Baum in Bodh Gaya. Nachdem er Maras Versuchungen überwunden hatte, erreichte er einen Zustand der Versenkung und beschloss, dass er nicht eher aufstehen würde, bis er Erlösung aus dem Kreislauf von Tod und Wiedergeburt erlangt habe.

Seine erste Erkenntnis war das Wissen um seine früheren Geburten. Darauf folgte das Wissen um die Geburten anderer und schließlich die Erkenntnis der „Vier Edlen Wahrheiten": die „Wahrheit vom Leiden", die „Wahrheit von der Ursache des Leidens", die „Wahrheit vom Aufhören des Leidens" und die „Wahrheit vom Pfad". Die „Erleuchtung" bzw. das „Erwachen" Buddhas begann mit der Erkenntnis, dass alles Leben mit Leiden erfüllt sei, vor allem dem Leiden daran, alles der unausweichlichen Vergänglichkeit unterworfen zu sehen, eine geliebte Person, einen

Gegenstand oder eine Erfahrung. Buddha erkannte, dass die Ursache allen Leidens in der Begierde liege und diese in einem Missverhältnis hinsichtlich der Eigenschaften der Dinge begründet sei. Indem er diese Unausgewogenheit ausräumte, war es Siddharta möglich, das Leiden in jener Erfahrung, die die Buddhisten Nirvana nennen, zu beenden. Nirvana bedeutet wörtlich „ausblasen", und zwar das Feuer des Nichtwissens und der Begierde, Quelle allen Leidens. Buddha erreichte das Nirvana in zwei Stufen. Im Moment seines „Erwachens" erkannte er, dass er aufgehört hatte, gemäß der Lehre des Karma zu handeln – mit anderen Worten: Er war frei von allen Begierden. Jahrzehnte später, im Augenblick seines Todes, bekannt als *parinirvana* (endgültiges, vollständiges Nirvana), war das gesamte verbliebene Karma Buddhas aufgebraucht. Damit war er vollständig vom *samsara* befreit und würde niemals wieder einer Reinkarnation unterworfen sein.

Mönche und Nonnen versuchen, Buddhas Beispiel zu folgen und dieselbe Befreiung von der Wiedergeburt zu erlangen, indem sie den Bindungen an die Freuden und Pflichten des Laienlebens entsagen, meditieren und ihr Handeln nach strengen moralischen Prinzipien ausrichten.

Die Schule des „Reinen Landes", eine vor allem in China, Japan und Tibet verbreitete Form des Mahayana-Buddhismus, lehrt, durch Rezitation seines Namens suche

Japanische Schriftrolle aus dem 17. Jh. mit einer Darstellung
des von seinen Getreuen umgebenen Amida Butsu (oben links).

der himmlische Buddha Amitabha (Chinesisch: „Amituo",
Japanisch: „Amida") den Gläubigen im Augenblick seines
Todes auf und geleite ihn zur Wiedergeburt ins himmlische „Reine Land". Hier kann sich der Gläubige frei von
irdischen Verstrickungen auf das Nirvana vorbereiten, das
allen garantiert ist, die ins „Reine Land" gelangt sind.
Die Praxis des Amida-Buddhismus wurzelt in der altindischen Vorstellung, Meditation über eine bestimmte
Gottheit verhelfe im Augenblick des Todes zur Wiedergeburt in dem der Gottheit zugehörigen himmlischen
Reich. Der Amida-Buddhismus prägt bis heute die am
meisten verbreiteten Formen des japanischen Buddhismus: Japanische Zen-Buddhisten verfassen oftmals Gedichte, wenn sie die Stunde ihres Todes nahe wähnen.
Diese Gedichte sind meist eindrucksvolle Zeugnisse jener
Entrücktheit, die die Berichte von Buddhas *parinirvana*
erfüllt. Ein aus Loyalität seinem Feudalherrn gegenüber
zum Selbstmord gezwungener Zen-Krieger schreibt vom
Tod als einem Schwert, das die Leere durchtrennt, und
vergleicht es mit einem kühlen Wind in einem lodernden Feuer. Es scheint, als sei sein eigenes Schwert das
Schwert von Buddhas Weisheit, das die Täuschungen des
Lebens zerschnitt und das Feuer der Existenz ausblies.

Zweck der Bestattung im Buddhismus ist es, dem Verstorbenen zu einer besseren Reinkarnation zu verhelfen.

Tibetische Totenfeiern gehen noch einen Schritt weiter und zielen auf die Befreiung des Verstorbenen vom Gesetz des *samsara*. Das *Tibetische Totenbuch* ist einer der bekanntesten Texte zu den buddhistischen Bestattungsritualen. Über einen Zeitraum von 49 Tagen – die für die Wiedergeburt angenommene Zeitdauer – rezitiert ein *lama* die Worte des Textes, zunächst im Beisein des Verstorbenen und später vor einem Bild des Toten.

Das *Tibetische Totenbuch* beschreibt eine Reihe gütiger und zorniger Buddhas, die dem Verstorbenen im „Zwischenreich" von Tod und Wiedergeburt erscheinen. Der Text erläutert, dass der aus dem Leben Geschiedene diese Formen als bloße Manifestationen seines Geistes erkennen solle. Dem Wortlaut des *Tibetischen Totenbuchs* nach ist dem Verstorbenen die Vereinigung mit diesen Formen und auf diese Weise die Befreiung vom Kreislauf aus Tod und Wiedergeburt möglich.

Für diejenigen, denen es nicht gelungen ist, sich mit den Buddha-Formen zu vereinen, liefert das *Tibetische Totenbuch* Anleitung dazu, wie eine vorteilhafte Inkarnation im nächsten Leben erreichbar sei. Diese Praktiken sind ebenso für die Lebenden bestimmt wie für die Toten – sie helfen den Trauernden dabei, den Verlust nach und nach zu verarbeiten und ihren eigenen Übergang aus diesem Leben vorzubereiten.

Japanische Gedichte

„Das scharfschneidige Schwert, aus der Scheide gezogen,
durchschneidet die Leere –
im lodernden Feuer
weht ein kühler Wind." Shiaku Sho'on

„Die frostige Nacht hindurch
lag ich wach. Als die Morgenglocken
klangen, wurde mein Herz leer –
über diese flüchtige Traumwelt
dämmert der Morgen." Hasegawa Shume

„Auf einer Reise, krank:
Mein Traum geht und wandert
über verdorrte Felder." Matsuo Basho

„Geschmolzener Schnee vom Fuji
ist die Tinte,
mit der ich
die Schriftrolle meines Lebens
unterzeichne,
‚Herzlichst Ihr.'" Kashiku

Aus: *Japanese Death Poems*, gesammelt v. Yoel Hoffmann,
Boston 1986, S. 51, 67, 85, 82

Kommentar

Nach Auffassung der altindischen Religionen kommt es im
Augenblick des Todes darauf an, den Geist zu sammeln,
denn dies sei der Moment, der den Weg zur Wiedergeburt
in einem anderen Leben vorbereite, der Moment, in dem
die Seele von der Wiedergeburt befreit werden könne. Diese
Auffassung liegt auch der japanischen Tradition zugrunde,
Gedichte zu schreiben, wenn man sich dem Tod nahe wähnt.

Die Japaner sind oft sehr geschickt in der Verwendung
des buddhistischen Bildrepertoires, wenn es darum geht, die
Flüchtigkeit und das Leidvolle der Erfahrungen in dieser
Welt auszudrücken. Sie spiegeln die Sehnsucht nach der
einschneidenden, das Leiden des Lebens durchtrennenden
Erkenntnis wider, die zur Erfahrung von Entrückung und
Frieden führt. Doch betonen viele Zen-Dichter und Prak-
tizierende des Zen, dass die Konzentration auf den Augenblick des Todes in die Irre führe – es gäbe keinen Aspekt
des Lebens, der nicht an der Erfahrung des Todes teil habe.

Als der Dichter Matsuo Basho im Sterben lag, legten
seine Schüler ihm nahe, ihnen ein Todesgedicht zu hinterlassen. Er antwortete, dass jedes seiner Gedichte als
Meditation über den Tod verstanden werden könne. Seine
Antwort entspricht der Erkenntnis des Zen-Meisters
Dogen, der sagte: „Jeder Augenblick enthält alles Wesen-
hafte, die gesamte Welt."

KAPITEL NEUN

RELIGION UND GESELLSCHAFT

Samgha, die traditionelle buddhistische Gemeinde, gliedert sich in vier Gruppen: Mönche und Nonnen sowie weibliche und männliche Laienanhänger. Mönche und Nonnen entsagen den Pflichten der Laien und führen ein Leben in Einfachheit. Die Laienanhänger heiraten, gründen Familien, betreiben Landwirtschaft und sammeln Verdienste an, indem sie die Bewohner der Klöster in ihrem Streben nach dem Nirvana unterstützen. Im Hinblick auf die unterschiedlichen Rollen innerhalb der Ordensgemeinschaft und durch die wechselnden Beziehungen, die beide Gruppen verbinden, gewinnen diese einfachen Strukturen an Komplexität. In den letzten Jahren haben sich buddhistische Gemeinschaften mit modernen Gesellschaftsformen auseinandergesetzt, um den Herausforderungen unserer Zeit gerecht zu werden.

LINKS: Seine Heiligkeit Tenzin Gyatso (geb. 1935), der 14. Dalai Lama. Es ist vor allem seinem Einfluss zu verdanken, dass der tibetische Buddhismus heute zu den herausragendsten buddhistischen Kulturen der Welt zählt.

Am Anfang der buddhistischen Mönchsgemeinschaft stand eine Gruppe von Getreuen, die gemeinsam mit Buddha durch die Städte und Dörfer Nordindiens zog. Im Laufe der Zeit wurden die Mönche und Nonnen zunehmend sesshaft. Während der Monate Juli und August zwangen die Monsunregen sie dazu, in einem festen Quartier zu bleiben. Aus dieser Praxis erwuchs die Institution des Klosters (*vihara*), das mit der Zeit zu einer zentralen Einrichtung im buddhistischen Leben wurde. Mithilfe königlicher Patronage und der Unterstützung durch reiche Spender wurden die großen indischen Klöster zu Zentren der Ausbildung, nicht nur in buddhistischer Philosophie und Praxis, sondern auch in weltlichen Disziplinen wie Literatur, Medizin und Astronomie. Besonders in den buddhistischen Ländern Südostasiens entwickelte sich eine anspruchsvolle Klostertradition, die häufig in enger Verbindung zur Königsmacht stand.

Das buddhistische Königtum geht zurück auf Ashoka, der im 3. Jh. v. Chr. über das Maurya-Reich in Nordindien herrschte (s. S. 16) und das Ideal des „gerechten Königs" (*dharmaraja*) verkörpert. Ashoka war nach einem blutig geführten Eroberungskrieg in Ostindien zum Buddhismus konvertiert und warb für die Strategie des *dharmavijaya*, der „Rechtschaffenen Eroberung", Eroberung mit dem Mittel des *dharma* statt mit Waffengewalt. Buddhistische Monarchen sahen sich traditionell als „gerechte Herrscher" nach dem Muster Ashokas und stellten die Klöster in ihren Gebieten unter Schutz. Im Gegenzug erhielten sie von den Klöstern die Anerkennung ihrer Legitimität als Herrscher. Eine höchst ungewöhnliche Variante der Institution des buddhistischen Königtums gab es in Tibet, wo der „Große Fünfte" Dalai Lama die Schwäche seiner Rivalen nutzte und die komplette weltliche *und* religiöse Führung seines Landes übernahm. Tibet wurde über Jahrhunderte in dieser besonderen Kombination aus klösterlicher und weltlicher Führung regiert, bis 1950 Truppen der neu gegründeten Volksrepublik China in das Land einmarschierten. Der 14. Dalai Lama Tenzin Gyatso, damals 15 Jahre alt, blieb zwar im Amt, war jedoch gezwungen, die chinesische Oberherrschaft anzuerkennen.

Im Zuge eines 1959 von den Chinesen brutal unterdrückten Volksaufstands musste der Dalai Lama nach Indien fliehen. In der Folgezeit hatten die tibetischen Klöster unter massiven Verfolgungen zu leiden, viele wurden zerstört, insbesondere während der Kulturrevolution 1966–1976. Doch in den 1980er-Jahren wurde die strenge Kontrolle des religiösen Lebens vorsichtig gelockert; unter strenger Aufsicht duldete man eine begrenzte Wiederbelebung einheimischer religiöser Traditionen. Von seinem Exil in Indien aus rief der Dalai Lama immer wieder dazu auf, durch eine Politik des Friedens Tibets Kultur zu

*Die burmesische Oppositionspolitikerin und Friedensnobelpreis-
trägerin Aung San Suu Kyi (geb. 1945) verliest eine Erklärung
am Tor ihres Hauses, das sie wegen des vom burmesischen Militär
verhängten Hausarrests nur selten verlassen darf.*

erhalten. 1989 wurde er mit dem Friedensnobelpreis aus-
gezeichnet. Trotz aller Appelle dauern Chinas Versuche
einer Kontrolle der religiösen Angelegenheiten Tibets an.

Bei allem Respekt für die großen, gesellschaftlich ein-
flussreichen Klöster erweisen Buddhisten in aller Welt
auch dem einzelnen „Heiligen" große Ehrerbietung, der
sich allein oder mit nur einer kleinen Gruppe von Gefährten zurückzieht, um weit entfernt von der Umtriebigkeit
der Gesellschaft das Nirvana zu suchen. Die Waldheiligen
von Sri Lanka und Thailand werden oft als große Helden
betrachtet; sie stellen ein bedeutsames Gegengewicht zu
den großen Klöstern dar und möchten ihre Zurückgezo-
genheit auch als Kritik am gesellschaftlichen Ganzen verstanden wissen. Als Kigen Dogen, der Gründer der *Soto-*
Zen-Sekte in Japan, die Einladung des kaiserlichen Gesand-
ten, am höfischen Leben teilzunehmen, ablehnte und diesen
seines Klosters verwies, handelte er nach dem alten buddhistischen Ideal der Abkehr von Staatsangelegenheiten.

Die Beziehung zwischen Mönchen und Laienanhängern
wird am deutlichsten in der Praxis des morgendlichen Bet-
telgangs, die in Südostasien noch immer üblich ist. Jeden
Morgen verlassen die Mönche das Kloster und gehen von
Haus zu Haus, um ihr Essen für den Tag zu erbetteln. Das
einfache Ritual verbindet Mönche und Laien in einer Wech-
selbeziehung gegenseitiger Unterstützung. Die Mönche

erhalten die Almosen, die ihnen bei ihrem Streben nach
dem Nirvana helfen, und die Laienanhänger erhalten täglich
Gelegenheit zu einer guten Tat und sammeln so Verdienste
für ihr nächstes Leben. Das entspricht der weitergehenden
Vorstellung der von Buddha gelehrten „wechselseitigen
Verursachung", derzufolge in der buddhistischen Gesell-
schaft jeder eine bestimmte Rolle spielt und alle durch ein
Geflecht gegenseitiger Abhängigkeit verbunden sind.

Im 19. und 20. Jh. wurden die traditionellen buddhistischen Gesellschaftsstrukturen in Südostasien durch die
Auswirkungen des europäischen Kolonialismus aufge-
weicht (Säkularisierung, Kommunismus, moderne Natur-
wissenschaften). Unter dem Einfluss einer von der Theo-
sophischen Gesellschaft entwickelten modernistischen und
wissenschaftlichen Vision des Buddhismus führte der
Mönch Anagarika Dharmapala (1864–1933) aus Sri Lanka
eine bedeutende Bewegung an, die die buddhistische Praxis
rationaler gestalten, „abergläubische" Aspekte entfernen
und die buddhistische Gemeinschaft zum Kampf gegen die
britische Kolonialherrschaft mobilisieren wollte. Seit Sri
Lanka 1948 politische Unabhängigkeit erlangte, erlebten
die buddhistischen Einrichtungen der Insel eine Zeit der
Blüte. Gewalt zwischen den Bevölkerungsgruppen der
buddhistischen Singhalesen auf der einen und der tamili-
schen Hindus auf der anderen Seite ergaben allerdings ein

religiöses Konfliktpotenzial, das nur schwer mit dem Bild eines toleranten und friedlichen Buddhismus vereinbar ist.

Bemerkenswert wegen der besonderen Ausprägung des Verhältnisses von Buddhismus und Politik ist das Land Myanmar (Burma). Nach der Unabhängigkeit von Großbritannien 1948 gab Ministerpräsident U Nu (1907–1995) ein Reformprogramm mit dem Titel „Buddhistischer Sozialismus" bekannt; der wahre sozialistische Staat solle Gleichheit fördern, habgierige Instinkte missbilligen und für ausreichend Freizeit sorgen, damit seine Bürger genug Zeit zur Meditation hätten. U Nu wurde 1962 vom Militär entmachtet. Nach Jahren im indischen Exil kehrte er 1980 nach Myanmar zurück und wurde buddhistischer Mönch.

In anderen Teilen Südostasiens waren Buddhisten mit den Herausforderungen eines Lebens unter kommunistischen Regimen konfrontiert. Doch blieben beispielsweise in Vietnam buddhistische Institutionen recht aktiv, während sie in Kambodscha 1975–1979 schwer unter den Verwüstungen der Roten Khmer zu leiden hatten.

Einen Wiederbelebungsversuch in seinem Heimatland Indien erlebte der Buddhismus im 20. Jh. im Rahmen einer Kritik des Kastensystems. Bhimrao Ramji Ambedkar (1891–1956), ein „Unberührbarer", sah im Buddhismus die Ideale der Gleichheit und sozialen Gerechtigkeit, die die Unterdrückung der unteren Kasten aufheben könnten.

Eine geistige Revolution

„Die reinste Revolution ist die des Geistes. Sie entspringt der intellektuellen Überzeugung von der Notwendigkeit des Wandels jener geistigen Haltungen und Werte, die die Entwicklung einer Nation bestimmen. Eine Revolution, die lediglich mit Blick auf eine Verbesserung der materiellen Bedingungen die offizielle Politik und die Institutionen zu verändern sucht, hat wenig Chancen auf Erfolg. Ohne eine Revolution des Geistes wirken jene Kräfte weiter, die die Ungleichheiten der alten Ordnung hervorgebracht haben (…) Es reicht nicht aus, nur nach Freiheit, Demokratie und Menschrechten zu rufen. Es muss eine geeinte Entschlossenheit geben (…) um dem Einfluss von Begierden, bösem Willen, Unwissenheit und Angst zu begegnen.

Heilige, so sagt man, sind Sünder, die sich strebend bemühen. So sind diejenigen Unterdrückten freie Menschen, die sich immer wieder bemühen und sich dabei darauf vorbereiten, jene Verpflichtungen auf sich zu nehmen (…) die eine freie Gesellschaft aufrecht erhalten.

(…) Ein Volk, das eine Nation mit fest etablierten, starken demokratischen Institutionen als Garant gegenüber staatlicher Macht aufbauen will, muss zuerst lernen, den eigenen Geist von Apathie und Furcht zu befreien."

Aus: *Freedom From Fear and Other Writings*, Aung San Suu Kyi, London 1991, S. 183

Kommentar

Im Juli 1988 hielt der General Ne Win, Vorsitzender der regionalen sozialistischen Partei von Myanmar, eine Volksabstimmung über die politische Zukunft des Landes ab. Die Opposition gegen die autoritäre Militärregierung versammelte sich um die Person von Aung San Suu Kyi, die die religiösen Wertvorstellungen des Buddhismus im Hinblick auf weltliche Belange zum Tragen bringt.

Die politischen Schriften von Aung San Suu Kyi, in einem Sammelband unter dem Titel *Der Weg zur Freiheit* erschienen, sind eine anschauliche Darstellung des modernen Strebens nach Demokratie und Menschenrechten, der traditionellen buddhistischen Werte Wahrheit, Furchtlosigkeit und Güte sowie des Zusammenhangs zwischen geistiger und politischer Befreiung. Ihre Kampagne für friedliche demokratische Reformen brachte Aung San Suu Kyi 1991 den Friedensnobelpreis ein.

Aung San Suu Kyis Lebensweg zeigt, dass es Frauen möglich ist, eine bedeutende Rolle im politischen Leben der modernen buddhistischen Länder Südostasiens zu spielen, wenngleich die traditionellen patriachalischen Gesellschaftsstrukturen und Werteorientierungen noch immer tief in der Kultur dieser und anderer Regionen verwurzelt sind.

GLOSSAR

arhant „Ehrwürdiger". Jemand, der das Nirvana erreicht und alle Bindungen an *samsara* abgebrochen hat und nicht wiedergeboren wird.

Bodhisattva (Sanskrit: „künftiger Buddha", wörtlich: „erwachendes Wesen") Im Buddhismus eine Person, die die Erleuchtung erreicht hat, den Eingang ins Nirvana aber freiwillig aufschiebt, um anderen bei deren geistiger Suche zu helfen; Ideal des Weges der Erleuchtung im Mahayana-Buddhismus.

Buddha (Sanskrit: „der Erwachte", „der Erleuchtete") Im Buddhismus jemand, der aus eigener Kraft Erleuchtung und das Nirvana erreicht hat. Es hat viele Buddhas gegeben (der letzte war Siddharta Gautama) und es wird noch viele weitere geben. Als Titel verwendet, bezieht sich Buddha immer auf Siddharta, den Begründer des Buddhismus.

Chan (Chinesisch: *chan*, Japanisch: *zen*, „Meditation", von Sanskrit: *dhyana*). Eine Schule des chinesischen Buddhismus, bei der die Meditation im Mittelpunkt des Strebens nach Erleuchtung steht.

dharma (Sanskrit: „Wahrheit", „Ordnung", „Rechtschaffenheit", „Pflicht", „Gerechtigkeit") Als Name („der Dharma") bezeichnet der Begriff die von Buddha entdeckte und gelehrte „Wahrheit" der menschlichen Existenz.

Karma (Sanskrit: „Handeln") Die Bilanz aus verdienstvollen und schädlichen Handlungen, die ein Individuum angesammelt hat. Sie entscheidet über die Art der nächsten Reinkarnation.

mandala „Heilger Kreis", der das buddhistische Universum versinnbildlicht; Mittel zur Meditation.

Mantra Ein Wort oder ein Satz mit magischer Wirkung, im Verlauf eines Rituals oder als Meditationshilfe ausgesprochen oder gesungen.

Nirvana (Sanskrit: wörtlich „Ausblasen") Im Buddhismus ein Zustand, der frei ist von jeglichem Nichtwissen und allen Begierden, in dem die Ansammlung von Karma aufhört und die Befreiung aus dem Kreislauf von Tod und Wiedergeburt erreicht ist.

Reines Land Das „Westliche Paradies", wo Buddha Amitabha herrscht.

samsara Der anfanglose Kreislauf von Tod und Wiedergeburt, aus dem sich Lebewesen zu befreien versuchen.

Tantra Name alter heiliger Texte, die den Buddhismus begründeten (etwa ab dem 7. Jh. n. u. Z.). Diese Texte betonen rituelle und symbolische Handlungen sowie die unmittelbare Erleuchtung und schließen die Vorstellung von „zornigen Gottheiten" ein.

Zen (Japanisch: „Meditation", von Chinesisch *chan*) Schule des japanischen Buddhismus, bei der Meditation im Mittelpunkt steht.

BIBLIOGRAFIE

Aung San Suu Kyi: *Freedom From Fear and Other Writings*, überarbeitete Ausgabe, New York: Viking, 1991

Bechert, Heinz und Gombrich, Richard (Hg.): *Der Buddhismus. Geschichte und Gegenwart*, München: C. H. Beck, 1995

Brauen, Martin: *Das Mandala. Der heilige Kreis im tantrischen Buddhismus*, Köln: DuMont, 1992

Conze, Edward: *Der Buddhismus. Wesen und Entwicklung*, Stuttgart: Kohlhammer, 1995

Dalai Lama XIV.: *Das Buch der Freiheit. Die Autobiographie des Friedensnobelpreisträgers*, Bergisch Gladbach: Lübbe, 1990

Eckel, Malcolm David. *To See the Buddha: A Philosopher's Quest for the Meaning of Emptiness*, Princeton: Princeton University Press, 1994

Fromm, Erich; Suzuki, Daisetz T.; Martino, Richard de: *Zen-Buddhismus und Psychoanalyse*, Frankfurt/M.: Suhrkamp, 1976

Gombrich, Richard: *Der Therawada-Buddhismus. Vom alten Indien bis zum modernen Sri Lanka*, Stuttgart: Kohlhammer, 1995

Herrigel , Eugen: *Zen in der Kunst des Bogenschießens/Der Zen-Weg*, Frankfurt/M.: Fischer, 2004

Horner, I. B. *Women Under Primitive Buddhism: Laywomen and Almswomen*, London, 1930; Nachdruck: Delhi: Motilal Banarsidass, 1975

Keown, Damien: *Der Buddhismus. Eine kurze Einführung*, Ditzingen: Reclam, 2001

Kitagawa, Joseph M.: *Religion in Japanese History*, New York: Columbia University Press, 1966

Levenson, Claude: *Symbole des Buddhismus*, Wien: C. Brandstätter, 1996

Lowenstein, Tom: *Buddhismus. Philosophie und Meditation. Der Weg zur Erleuchtung. Heilige Stätten*, Köln: Taschen, 2001

Lütkehaus, Ludger: *Schöner meditieren. Der esoterisch verhunzte Buddhismus*, Marburg: A. Geus, 1995

Nakamura, Hajime. *Indian Buddhism: A Survey With Bibliographical Notes*. Delhi: Motilal Banarsidass, 1987

Rahula, Walpola. *What the Buddha Taught*. New York: Grove, 1974

Schumann, Hans W.: *Buddhismus. Stifter, Schulen und Systeme*, Düsseldorf: Walter, 1991

Suzuki, Daisetz T.: *Wesen und Sinn des Buddhismus. Ur-Erfahrung und Ur-Wissen*, Freiburg: Herder, 1996

Thich Nhat Hanh: *Wie Siddhartha zum Buddha wurde. Eine Einführung in den Buddhismus*, München: dtv, 2004

Trainor, Kevin (Hg.): *Buddhism: The Illustrated Guide*, London: Duncan Baird Publishers, 2001

Williams, Paul: *Mahayana Buddhism: The Doctrinal Foundations*, London: Routledge, 1989

REGISTER

DANKSAGUNG UND BILDNACHWEIS

Für den Abdruck der folgenden
Textauszüge danken wir:

Ursprünge und Geschichte,
S.24: aus *The Life of Hiuen-tsiang,*
übers. v. Samuel Beal. Kegan,
Paul, Trench, Trübner & Co. Ltd:
London 1911, S.105

Heilige Schriften, S.44: aus
Samyutta Nikaya, LVI,11, hrsg. v.
M. Leon Feer. Pali Text Society:
London 1898, übers. v. Malcolm
David Eckel

Heilige Personen, S.54: aus
*Mi la ras pa'i rnam thar (texte
tibétain de la vie de Milarepa),*
hrsg. v. J.W. de Jong.
Mouton & Co.: Dordrecht 1959,
S. 55, übers. v. Malcolm D. Eckel

Ethische Grundsätze, S.62:
aus *Samyutta Nikaya,* XLVII,18,
hrsg. v. M. Leon Feer. Pali Text
Society: London 1898, übers. v.
Malcolm David Eckel

Heilige Orte, S.74: aus *The Journey to the West,* Bd.1, übers. v.
Malcolm Anthony C. Yu. University of Chicago Press: Chicago
1977, S.185

Feste und Heilige Zeiten, S.84:
aus *Sources of Japanese Tradition,*
hrsg. v. William Theodore de
Bary. Columbia University Press:
New York, 1958, S.225–26

Tod und Jenseits, S.94: aus
Japanese Death Poems, gesammelt v.
Yoel Hoffmann. Charles E. Tuttle:
New York 1986, S.51, 67, 85, 82

Religion und Gesellschaft,
S.104: aus *Freedom From Fear and
Other Writings* von Aung San Suu
Kyi. Penguin: London 1991, S.183

*Der Verlag dankt den folgenden
Personen, Museen und Archiven
für die erteilten Reproduktions-
genehmigungen:*

Seite 2 Graham Harrison,
Oxfordshire; 7 British Library,
London; 12 British Library,
London; 18 Graham Harrison,
Oxfordshire; 26 Art Archive,
London/Musée Guimet, Paris/
Dagli Orti; 30 British Museum,
London; 36 Hutchison Library,
London/Sarah Errington; 41
British Museum, London; 46
Corbis/Alison Wright; 51 Hut-
chison Library, London/Liba
Taylor; 56 Art Archive, London/
Museum of Fine Arts, Boston; 61
Corbis Stockmarket; 64 Magnum
Photos, London/René Burri; 68
Magnum Photos, London/Bruno
Barbey; 76 Magnum Photos,
London/Bruno Barbey; 80 Panos
Pictures, London/D. Sansoni; 86
DBP Archive; 91 British Museum,
London; 96 Panos Pictures,
London/Neil Cooper; 100 Panos
Pictures, London/Alison Wright